JN410741

추락하는 중에도
날개는 자란다

추락하는 중에도 날개는 자란다

초판 1쇄 인쇄 2023년 2월 5일
초판 1쇄 발행 2023년 2월 10일

지은이 심평식
펴낸이 金泰奉
펴낸곳 한솜미디어
등 록 제5-213호

편 집 김태일, 김수정
마케팅 김명준

주 소 (우 05044) 서울시 광진구 아차산로 413(구의동 243-22)
전 화 (02)454-0492(代), 454-0542
팩 스 (02)454-0493
이메일 hansom@hansom.co.kr
홈페이지 www.hansom.co.kr

ISBN 978-89-5959-571 6 (03810)
*값 12,000원

대한민국 올바로 세우기

추락하는 중에도
날개는 자란다

심평식 지음

한솜미디어

|머리말|

최근대(最近代) 우리나라 형국(形局)을 모처럼 살펴봤다.

1945년 8월 15일 해방 이전의 대한민국은 나라 꼴이 아니었다. 중국과 일본의 식민지를 감내하며 어깨 펴지 못한 긴 세월을 암울하게 살았다.

그때에 안중근 · 나석주 · 광주학생사건 · 이봉창 · 윤봉길 등 목숨을 초로(草露)와 같이 던진 독립투사들이 있었다. 괄목(刮目)한 역사적 사건은 미국의 2차 세계대전 승리의 역사였다.

이로 인해서 유럽의 소국들이 식민지에서 벗어났다. 우리나라도 열망했던 해방을 맞이했다는 것은 천고만난(千苦萬難)을 탈탈 털고 천세만세 자립 독립 국가로 복원한 거룩한 역사의 틀을 찾았다고 자부했다.

1950년 6.25사변 때는 중공이 김일성 괴뢰군의 뒤를 밀어준 전쟁 때문에 남한 일대가 쑥대밭처럼 밟히다가 유엔 16개국 군대지원 병력으로 완전 물리치기 전 1953년 휴전협정 조인으로 전쟁은 잠시 멈췄지만, 전투병력 사망자만 8백만 명이 넘는 피 흘린 역사의 후유증은 지구가 멸망할 때까지 지워지지 않을 것이다. 오늘날 일취월장 나라 발전의 요인은 박정희 대통령의 '새마을' 정신으로 온 국민의 열정적인 노고와 대통령의 깨끗한 통치력과 국가와 국민을 위한 투철한 애국심의 발로에 있었다고 온 국민은 믿고 있다.

2017년 5월 10일 제19대 문재인 대통령은 취임사에서 '한번도 경험해 보지 않은 나라'(한경보나)를 만들겠다고 다짐했지만 허구였다. 친북성향이 묻어 있는 '고려연방제'가 스치면서 엉킨 사회주의가 꿈틀거리는 게 느껴졌다.

그 후 국가정책 그래프도 얄궂게 흔들거리는 모습 따라 변했다. 언론과 유튜브 등에서도 못마땅하게 여기는 소리가 높아졌다. 필자 역시 못내 짜증새가 일 때마다 펜을 들어 못내 아쉬운 부분을 기록으로 남겼다.

잘 쓰고 못 쓰고를 떠나 진솔한 정심(正心)과 복심(腹心)만으로 옮겨놓았다고 말하고 싶다.

끝으로 아버지의 희미한 눈과 떨리는 손을 대신해서 컴퓨터 식재와 교정을 도와준 아들 심원(沈元)에게 Thank를 덧붙인다.

沈評植

|목차|

제1부 양심의 자유

제2부 새 정당 이름

제3부 오만과 위선

제4부 한 송이 흰 백합화

제1부

양심의 자유

01. 양심의 자유

한 종교의 젊은이가 "집총은 양심의 자유를 훼손하는 행위이므로 징집에 응할 수 없다."면서 당당하게 국가를 피고로 소송을 제기했다.

사법부는 오랜 숙고 끝에, 집총이 종교나 양심의 자유를 훼손할 수 있는 부분이 있다며 원고 승소 판결을 내렸다. 곧바로 시중의 화제는 '양심의 자유'였다.

사법부의 판결은 인정되어야 한다. 그 판단은 재판관이 법과 양심에 따라 내린 헌법적 판단이기에 그렇다. 사법부에 부조(浮彫)된 '정의의 여신 디케'는 사법부의 명정(明正)한 상징성을 지닌다. 권위를 뜻하는 검은 법복의 재판관이 자긍심과 함께 양심으로 내리는 판결은 권위(權威)를 지닌다. 판결의 고결성과 융합한 양심의 자유는 신성불가침인가? 일단 전쟁의 우려가 없는 평화 시에는 당연하다.

양심은 어진 마음이다. 어질다의 '인(仁)'은 공자가 세운 유교의 중심 언어이다. '인'은 예의와 염치를 품고 있다. 달리 말하면 도덕 · 윤리의 키워드는 예의 · 염치다. 사전적 의미에서, 예의는 사회질서를 위해 지켜야 할 공손한 예절이다. 염치는 예절에 흠이 있을 때 부끄러워할 줄 아는 마음이다.

양심 · 자유 · 예의 · 염치는 보편적으로 이해가 되는 말이지만 법리적으로 들어가면 꽤 어렵다. 구체적 실체가 쉽게 잡히지 않기 때문이다.

나라를 지키는 국방의무에 어떻게 집총(執銃)이 양심의 자유라는 미명으로 거부될 수 있을까? 종교의 자유와 집총의 의무 사이에 어떻게 양심의 자유가 끼어들 수 있을까?

참으로 난해하다. 반만년의 신고(辛苦)의 세월 동안 지켜온 조국의 주축이 위협받고 있는 실정이다.

우리의 역사를 국방력만으로 짚어보면 부끄럽게도 고구려 어느 한 시절 빼고는 신나는 역사가 없다. 대부분 코 박고 살았다.

이유는 딱 하나다. 국방력 즉 집총력이 부족해서 그랬다. 6.25도 마찬가지다.

양심의 자유, 왈가왈부할 생각은 없다. 그걸 보완할 후속조치가 시급할 뿐이다. 집총 거부와 연결된 양심의 자유는 들불처럼 번질 게 뻔하기 때문이다.

국방력은 최상위의 가치다. 우리는 특수성을 지닌 북괴뢰군 집단이 이웃에 있기 때문에 더욱 그렇다. 국방 없이 개인의 양심의 자유가 엄존할 수 있을까? 거듭 질문이 밀고 나온다. 중국 · 일본 식민지 시대 양심의 자유가 있었는가? 뭘 믿고 양심의 자유를 외치는가? 역사의 교훈을 지우려 하는가?

우리 민족은 천고만난(千苦萬難)의 역사 소용돌이를 백두산을 등지고 줄기차게 개척해 온 불굴의 배달민족의 후예(後裔)로 자긍심이 새겨진 민족이다.

우리의 울타리는 누가 지켜야 하나! 한숨만 가득하다.

02. '낙태죄' 살펴보기

1953년 이전에는 낙태죄가 없었다. 그때는 어느 집이나 애들이 고물고물 많았다. '칠 공주집'도 있었고 '아들 부잣집'도 있었다. 대략 대여섯 명쯤은 됐다.

우리 어머니도 아들 다섯 딸 다섯을 낳았다. 먹고 살기가 곤궁했던 때라 임신부들은 죄진 마음으로 살았다.

태아를 지우려고 갖은 노력을 다한 사람도 있었다. 높은 곳에 올라 뛰어내리기도 하고 약도 먹어보고 심지어 간장을 들이마시기도 했다. 그러나 효과는 빵이어서 집집마다 애들은 흔전만전이었다.

한 산부인과 의사가 헌법소원을 냈다. '낙태죄'는 여성의 자기결정권과 생명권을 침해할 뿐만 아니라 남성에 대한 여성 차별이라고 주장했다.

1953년부터 규정된 낙태죄(형법 269조 1항)를 보면 당사자는 1년 이하의 징역이나 200만 원 벌금이 따랐고, 낙태 시술자는 2년 이하의 징역 형벌이 내려졌다.

지난해(2018) '유엔여성차별철폐위원회'는 우리 정부에 낙태죄 폐지 권고를 한 바 있다. '인권위'도 똑같이 자기결정권과 생명권을 침해한다고 했다.

헌법재판소는 소원 제출자의 뜻대로 '낙태죄는 헌법불일치'라는 판결로 원고 손을 들어줬다. 재판관 9명 중 7명이 헌법불일치로 판단했다. 불일치 결정의 효력은 당장이 아니라 2020년 12월 31일까지로 한정했다. 관련 형사법은 내년 말까지 법 개정을 해야 한다. 그 이전에 개정이 완료되면 낙태죄는 소멸된다. 설령 내년 말까지 개정이 안 돼도 그 이후부터 낙태죄는 없다.

낙태죄 헌법불합치 판결에 시비하지는 않겠다. 그러나 동의하지도 않는다. 국가의 흥기(興起)는 대개 그 나라 인구수와 동행한다. 국력의 밧줄은 인구의 밧줄로 감겨 있다. 그 밧줄이 느슨해지면 국력의 밧줄은 힘을 쓸 수가 없다.

낙태죄 폐지는 국가주의(내셔널리즘) 입장에서 보면 국력에 보탬이 안 된다. 국력의 밧줄을 약하게 늘어뜨리는 요인이기 때문이다.

낙태죄 폐지 유보기간 내에 대책을 서둘러야 한다. 그 수단 중에 우선 떠오르는 것은 임신모에게 직장휴직수당, 임신수당, 생활비 등 국가 · 지방정부가 챙겨야 한다.

다음 단계는 유아모가 키울 능력이 없으면 대신 국가나 지방정부가 성년이 될 때까지 교육시켜야 한다. 비용은 국가의 동량에 드는 투자(장학금)이다.

낭비가 아니다. 노동력 대가 없이 청년에게 주는 무상휴직수당과는 성질이 크게 다르다. 동방의 배달민족은 양양해야 한다.

03. 다시 떠오른 역사

고구려 · 백제 · 신라는 동방배달민족의 삼각주다. 그럼에도 한 산에 호랑이 세 마리는 서로 으뜸이라고 으르렁댔다.

약한 신라는 괴롭힘을 당했고, 궁리 끝에 당나라를 찾아가 소곤거렸다. 김춘추의 전략을 들은 소정방은 미소로 화답했다.

요동반도에서 고구려 군에게 백만 대군을 잃은 당나라는 패전국으로서 사무친 원한이 끓고 있을 때였다. 이렇게 성립된 나당연합군은 먼저 식은 죽 먹듯이 백제를 무너뜨렸고 연이어 고구려도 무너뜨렸다.

백제 땅에는 5도호부, 고구려 땅에는 9도독부, 42주, 100현을 설치했다. 식민지로 전락한 백성은 고개 숙인 몸으로 엎드려 살았다.

소정방은 김춘추를 예장(隸將)처럼 대접했다. 두 나라 백성들은 무거운 부역과 시시콜콜한 사냥매까지 챙겨주어야 했다. 그런 인고의 세월을 백제는 75년, 고구려는 68년간 지속하다가 735년에 이르러 속지국의 신세를 벗어나게 되었다. 그러나 지역은 대동강과 원산만 밑으로 국한하여 지배권을 인계받았다.

기쁨인지 슬픔인지 몽롱해지면서 김춘추의 삼국통일이 착잡하게 느껴진다. 통일 후 부국강병의 국가로 통치하려고 했던 김춘추의 꿈은 산산이 부서지면서 백성들은 도탄에 빠졌다.

지금부터 1300년 전, 이를 목도한 김춘추는 어떤 생각이 들었을까? 아! 한이 서린 역사였다.

고구려를 비롯한 삼국은 굳세며 기개가 뛰어나고 범절이 바른 배달민족이었다. 건강한 몸도 사고를 당하면 완전 회복이 어렵다. 나라를 잃은 후유증은 당나라의 횡포가 깊어지면서 얼이 빠진 백성들은 독 안에 갇힌 쥐처럼 궁지에서 허덕거렸다.

억울함을 울부짖고만 있을 수는 없었다. 농민 노비 누구랄 것 없이 죽창과 농기구를 들고 방방곡곡에서 모여들었다. 배달민족의 정기가 그들에게 배어 있었다. 밀리기만 했던 전장에 굳센 기백이 휘몰아쳤다.

당군의 사기는 움츠러들었고 역전된 전장에 김춘추의 백마가 나타나곤 했다. 당군 응원 행차였다. 이를 본 농민군의 분노는 하늘을 찔렀다. 피 묻은 죽창이 불끈 쥔 손아귀에서 떨었을 것이다. 떨고 있는 죽창 끝 증오심은 누구를 향하고 있었을까?

한 번 꺾인 배달의 정기는 조선왕조 500년을 지나고도, 청일전쟁 후 1905년(을사늑약) 일본의 식민지 38년을 암울하게 살았다.

그 후 대한민국의 독립은 부끄럽지만 1945년 제2차 세계대전의 산물이었다. 온 백성의 기쁨도 한순간이었다. 배달의 변형 유전자 김일성 총부리에 낙동강 백척간두까지 밀리다가 유엔의 도움으로 목숨 도생은 했다.

그때 사상자만 3백만 명으로 68년이 지난 지금까지 아물지 못한 상처는 진행형이다. 1300년 전 삼국통일의 깃발을 든 김춘추가 태종무열왕(太宗武烈王)이 된 후 가슴에 새긴 본뜻과 달리 배달의 역사는 초라해져 버렸다.

통일의 외형적 가치는 실로 커 보인다. 그러나 본전은커녕 오히려 민족혼을 크게 잃었다. 역사의 외피로만 보면 김춘추는 배달민족에게 배역한 '트로이 목마'였다.

04. 역사야 있든 말든

2019년 1분기 국정감사 때 당시 야당(자유한국당) 국회의원이 국방부장관(병조판서)에게 물었다.

"천안함 폭침을 어떻게 생각하시나?"

질문을 받은 병조판서는 침이 말랐는지 입술이 금방 열리지 않았다. 한참을 망설이다가 바르르 떨리는 목소리로 입을 열었다.

"서로가 우발적으로 충돌한 사건으로 본다."

정신이 온전한 사람은 이 말을 듣고 분통이 터졌을 것이다. 천안함은 북괴의 어뢰를 맞고 폭침한 것으로 국제 전문가 조사단의 공식 발표가 있었는데도 대답은 뭉글거렸다. 국방장관, 참으로 함량 미달이다.

일본 전국시대를 평정한 후 여유가 생긴 풍신수길은 뒷짐을 지고 거드름을 피우면서 조선을 오물오물 씹을 생각만 했다. 그 시절 어지러웠던 조선시대는 일본의 야심을 의구하게 여기고 있었다.

왕(선조)이 일본의 기미를 살피라는 칙명을 내리자 정사 황윤길, 부사 김성일을 일본에 보냈다. 돌아온 두 사람의 상소는 서로 달랐다.

정사 황윤길은 “침략이 우려된다.”고 했고, 부사 김성일은 “침략의 기미를 못 느꼈다.”고 했다.

당시 황윤길은 서인(야편)에 속했고 김성일은 동인(여편)에 속했다. 시국은 어수선하여 이율곡이 10만 양병설을 주장하고 있을 때였다. 그러함에도 선조는 정사 황윤길(침략우려)을 묵살하고, 침략 기미가 없다는 부사 김성일(여편)의 손을 들어줬다. ‘전쟁 대비 없는 평화는 없다.’는 경구가 선조에게는 없었다.

풍신수길은 선조 25년(1592) 15만 대군(임진왜란)으로 조선을 쑥대밭으로 만들어버렸다.

김성일의 잘못된 칙서 한 마디가 나라를 참혹하게 만들어버린 셈이다. 마지막 고종을 거쳐 해방을 맞은 1945년 8월 15일까지 질곡 속에서 허덕일 수밖에 없었다.

화해로 묻는다고 묻어지지 않는 게 역사이고, 잊어버리려고 해도 잊히지 않는 게 역사이다. “서로가 우발적인 충돌이다.” 꽤가 숨어 있는 국방장관의 대답은 사필귀정의 역사가 반드시 정선(正善)해 줄 것으로 믿는다. 역사는 장구한 세월이 흘러도 변절할 수 없는 업보이다.

05. 남·북 더듬어 보기

남과 북은 뿌리부터 사뭇 다르다. 근본이 다르다는 말이다. 6.25부터 치더라도 강산이 일곱 번이나 바뀌었다.

다윈은 진화론에서 생물은 환경(지역격리)과 세월에 따라 형질변화(돌연변이)가 일어난다고 했다.

변화는 달라짐을 말한다. 남과 북은 정치, 사회문화, 의식 등이 크게 달라졌다.

정치만 보더라도 왕정세습독재와 민주공화정의 차이는 쉽게 융합될 수 없는 형질의 차이다. 북의 정치체제는 불가역적이다. 사회주의가 뼛속 깊이 물들어 인민성은 더욱 그렇다. 자연스럽게 통일된 서독과 동독도 서로 온도 차이가 있다고 한다.

늑대는 천 년을 두고도 직접 사냥하지 않는다. 호랑이와 사자가 사냥한 것을 달라붙어 뜯어먹고 산다. 쫓으면 도망치고 멈추면 어슬렁어슬렁 접근하기를 반복한다. 몸집 큰 짐승들을 괴롭히며 살아왔다.

늑대의 생존법칙은 게릴라성이다.
북한의 행태가 늑대를 꼭 닮았다.
사고를 치고는 꼭꼭 숨는다.
그들의 사전에 사과와 반성은 없다.

남한 전기 단절, 6.25전쟁, 판문점 도끼 사건, 청와대 침투, KAL기 폭파, 동해안 집단 간첩, 아웅산 사건, 금강산 박왕자 사건, 연평도 폭격 및 해전도발, 천안함 폭침 등 기억난 것만 적었다.

꼭꼭 숨어 있던 늑대가 평창올림픽에 의미 있는 눈웃음을 던졌다. 이유는 둘이다. 하나는 미국의 강경 고립 제재 완화이고 두 번째는 그들의 핵 완성이다.

북의 변화는 체질 변화가 아니다. 공격하면 도망가는 게릴라 전법의 하나일 뿐이다. 어느 정도 수습되고 챙길 것 챙기면 또다시 늑대의 본성이 나올 게 뻔하다.

동일민족의 통일 가치는 실로 크다. 그러나 통일 자체가 곧 평화는 아니다. 통일의 방법이 문제다. 한 번 이혼한 부부는 재결합도 어렵지만 재결합 후 행복했다는 사례를 들어본 적이 없다.

너무 서두르면 실족하기 쉽다. 고해성사부터 받고 시작해도 늦지 않다. 우리가 리모컨을 쥐고 있을 때 당당해야 한다. 이빨 빠져버린 호랑이는 늑대의 먹잇감이 될 수도 있다.

통일 후 비참하게 깨진 처절한 예멘의 역사!
우리에게는 타산지석의 교훈을 주고 있다.
되돌아보고 싶은 역사실록이다.

06. 우리와 역사 팔자가 비슷한 나라

1) 머리말

요즘 비핵 관련 매스컴을 접하면 우울 증세를 느낀다.

제주에 온 예멘난민과 비핵이 오버랩 되면서 나타난 증후군이다.

우리도 난민 보트를 탈 수 있겠구나!

허무한 생각에서 왔다. 물새 소리조차 고요한 섬 고장, 그런 섬이 시끄러워졌다. 예멘난민 5백여 명이 느닷없이 모여들면서다.

예멘은 여행 금지 국가다. 제주출입국관리사무소는 밉든 곱든 국제법(난민협약)에 따라 난민 5백여 명을 신중하게 심사를 할 수밖에 없었다.

난민 허가자 2명, 인도적 체류 허가자 412명(1년 후 재심사), 나머지 난민은 제주를 떠나야 했다. 그들은 이제 어디로 가야 하나. 조국은 포연이 자욱하고 만신창이가 된 몸과 마음은 서럽고 지쳤을 것이다.

삼다도였던 제주는 난민을 받으면서 사다도(四多島)가 된 셈이다.

예멘을 짚어보니 제주 4.3사건이나 6.25동란뿐만 아니라 우리 역사와도 닮은 점이 많다.

예멘이 난민을 양산한 것은 남북 예멘 동족끼리 벌인 내전에서 비롯됐다. 그런 사연에 역사평설 스타일로 예멘을 살펴보기로 한다.

2) 예멘 남북내전과 제주 4.3사건

예멘 남북 간 내전은 지금도 간헐적으로 터지고 있다. 게다가 후티 반군(남예멘 무장단체)과 IS(Islam State) 게릴라까지 준동하고 있어 남북 예멘의 인민과 국민은 공포에 떨고 있다고 한다. 지옥 같은 나라, 이미 이들은 조국을 잃어버린 유랑민이 되었다.

예멘난민이 제주를 찾은 게 우연은 아닌 듯싶다.

예멘난민사태와 제주 4.3사건은 동족끼리 피를 튀겼다는 측면에서 동병상련의 애달픔도 묻어난다. 제주 4.3사건은 72년이나 지나 이미 희미한 기억사다.

1947년 3.1절 행사 때 친북 남로당이 동원한 반정부 군중이 일으킨 시위대에 경찰 발포가 있었고 14명의 사상자가 발생한 게 불씨가 됐다.

1948년 4월 3일 새벽, 350명의 무장대가 12개 경찰지서를 공격 살상 방화로 아수라장이 되고 군경과 맞선 총격전은 많은 사상자를 내고 일단 진압됐다. 그러나 이 사건은 여순반란으로 이어지기까지 했다.

6.25가 발발하자 경찰은 4.3사건 때 수감된 우려스런 3천명을 사살했다. 경찰 발표를 보면 민간인 25,000~30,000명, 경찰 140명, 군인 180명이 죽었다.

4.3사건은 남로당이 계획한 시위대와 군경과 미군까지 가세한 내전이다. 그러나 70년 지난 지금까지, 중앙남로당 지령은 없었다는 주장이 있어 미결 역사로 남아 있다.

3)예멘 역사 꾸러미와 우리 역사 꾸러미

예멘은 남북으로 분단되기 전인 1517년 오스만제국(투르크) 침입으로 지배를 받고 있었다.

이 시기인 1918년에는 영국의 아덴만 침입으로 남예멘이 식민지 지배를 받으면서 남북으로 쪼개졌다. 이로써 남예멘은 오스만에서 영국 식민지로 바뀌었다.

그 후부터 두 나라가 겪은 역사에는 우리와 닮은 역사 꾸러미가 주렁주렁 널려 있다.

예멘이 두 쪽으로 갈라진 1918년부터 2018년까지 꼭 100년간 있었던 역사 꾸러미(content)를 한 곳에 열거해 본다.

제국 침입 두 번, 독립 두 번, 남북통일 세 번, 남북분단 세 번, 남북 쿠데타 세 번, 대통령 암살 두 번, 서기장 암살 한 번, 대통령 처형 한 번, 대규모 내전 세 번, 소규모 내전 다수(진행 중).

참으로 예멘도 지옥으로 점철된 역사 - 극치의 본보기다.

우리 역사 꾸러미도 정리해 본다.

식민지 독립, 북한의 남한 전기 단절, 제주 4.3사건, 여순 반란, 6.25, 4.19, 5.16, 판문점 도끼사건, 동해안 간첩, 청와대 습격, 영부인 피살, 대통령 암살, KAL기 폭파, 5.18 광주사태, 연평도 해전, 연평도 폭격, 금강산 박왕자 총살, 천안함 폭침, 개성공단 철수.

우리와 예멘의 역사 꾸러미는 동족끼리 생존을 걸고 빚어낸 공통점이 있다. 예멘은 분단과 통일을 반복하면서 만든 꾸러미이고, 우리는 분단 후 만든 꾸러미란 점이 다르다.

사뭇 다른 점은 예멘 꾸러미는 양쪽이 서로 공격과 수비가 상대적인 것이고, 우리 꾸러미는 일방적으로 공격을 당했다는 게 다르다.

4) 예멘 분단 - 우리 분단

예멘은 1950년대 내 중 · 고 역사교과서에 등재되지 않는 부족국가였다. 영국이 1839년 남예멘을 점령하면서 세상에 모습을 드러냈다.

수에즈 운하에 눈독을 꽂은 영국은 무역 항구의 진주인 아덴항이 탐이 났다. 해가 지지 않는 나라, 제국주의 선도국 답게 곧장 아덴만으로 진격 함포 몇 방으로 남예멘을 한입에 삼켜버렸다.

서로가 떨떠름한 두 나라(영국, 오스만)는 1904년 식민지 주제국 총독끼리 만났다. 남북으로 갈라진 국경과 내치 원칙 등에 합의하고 서명을 했다.

허수아비 두 정상(남 서기장, 북 대통령)도 남북합의서 한 편에 사인할 때 손은 떨렸을 게다.

한반도가 38선으로 쪼개지자 소련, 김일성은 희희낙락했겠지만 이승만은 마음이 아팠을 게고 김구는 가슴 통증으로 쓰러졌을 게다.

그러나 우리의 경우와 예멘은 달랐는데 예멘 통치합의서에는 기간이 없었다. 우리는 식민지로 떨어진 게 아니라 오히려 벗어났다. 다만 유엔의 위임통치기간 2년이 있을 뿐이었다. 그 기간의 경과로 명실상부한 독립국가가 완성되는 합의서였다. 반쪽이긴 했지만 환희에 찬 독립이었다.

5) 예멘 독립 · 우리 독립

예멘이 남북으로 쪼개져 있을 때 1차 세계대전이 발발했다. 예멘의 종주국 오스만제국(투르크)은 불가리아, 오스트리아와 3국 동맹을 맺고 연합군과 대결했다. 용호상박 교전에 미국이 연합군에 가세하면서 오스만 3국 동맹은 1918년 패배로 끝났다.

종주국 패배로 오히려 예멘은 독립을 했다. 그럼에도 남예멘은 영국의 속지국인 관계로 북예멘 단독으로 1918년 독립, 왕국통치를 복원하면서 양국으로 갈라졌다.

그 식민지 시절, 예멘이나 우리나 정도 차는 있어도 정상적인 삶은 아니었을 게다. 그 시절 나라를 잃은 민족은 노예와 같은 삶을 살았다.

1919년 3월 1일 우국지사들의 독립선언을 시작으로 온 국민이 태극기를 흔들었다. 곳곳에서 애국지사, 열사, 의사들이 목숨을 던졌다.

독립문이 열리고 있을 무렵, 섬놈(일본)들은 천벌을 받고 패망했다. 우리의 독립은 예멘의 독립보다 27년 뒤진 1945년이었다.

예멘을 남북으로 분단시킨 역사 주역은 오스만과 영국이었고, 우리의 남북 분단 역사 주역은 일본 · 소련 · 중국이었고, 미국은 산파역을 했다.

북예멘과 우리가 식민지에서 벗어난 이유는 각각 제1차 세계대전과 제2차 세계대전 · 태평양전쟁의 일본 패망이다. 그러면서도 남예멘 독립은 무장독립단체들이 굳건히 영국과 대결 투쟁한 뿌리가 있었고, 우리의 독립은 미국의 원폭에 항복한 일본의 패망에 있었다. 두 나라 역사 팔자의 야릇한 아이러니다.

6) 북예멘 군사 쿠데타와 5.16쿠데타

북예멘은 오스만으로부터 독립된 후 역사정리 과제로 식민지 적폐청산, 정치구조개편, 관료부패쇄신 등 난제가 수두룩했다.

어려운 과제를 실행하자면 우선 정치권력의 쟁취가 먼저였다. 자의적으로 똑똑한 군인들의 머리에 번득인 게 군사 쿠데타다. 합법적 방법은 아니지만 새 국가를 세워야 한다는 급한 명분이 합법성을 차버렸다.

쿠데타는 1962년에 성공했다. 예멘왕정 깃발 대신 예멘아랍공화국 깃발이 올랐다. 그러나 왕정을 지지했던 국민들은 시큰둥했다. 쿠데타는 정통성이 훼손되고 불법이며 비윤리적인 속성을 갖는다.

쿠데타 저항세력들은 그 속성의 외피를 입고 모여들었다.

쫓겨난 바드르 왕은 반성은커녕 억울한 생각만 했다. 친숙한 우방에 SOS를 구했다.

우방국과 반쿠데타 세력은 왕당파 깃발로 뭉쳤다. 세를 과신한 왕당파군대는 즉각 공화파를 공격했다.

시소전은 8년이나 지긋지긋하게 질질 끌었다. 확전으로 번진 후 1970년 공화파 승리로 종전됐다.

예멘 쿠데타와 우리의 5.16쿠데타의 동기는 비슷하다. 그러나 끝장 정리는 다르다.

예멘은 쿠데타의 후유증으로 장장 8년의 내전으로 참혹한 인명 피해와 국력 소모를 입었다. 우리 5.16쿠데타는 주체들보다 피주체가 신사들이었다.

윤보선 대통령, 장면 총리를 비롯한 내각들은 말없이 코를 박았다. 그 행태를 탄했던 나였지만 지금 생각하면 국력 소모 방지 측면에서 예멘보다 잘된 역사라고 자위한다.

역사 감성은 세월이 어루만져 주는 게 아닌가 싶다.

7) 예멘통일 · 4.19의거

북예멘 정치체제가 어느 정도 안정되자 알 가쉬미 대통령은 품었던 흡수 통일을 시도했다. 이를 못마땅하게 여긴 무리들이 1978년 폭탄으로 대통령을 암살했다.

임시 대통령을 받은 살레가 대통령으로 당선된다. 줄곧 3선(1988년)까지 성공하고 지지세력 확보로 힘 있는 대통령이 됐다.

끝없는 내전, 남북 간 갈등, 2명의 대통령과 1명의 서기장 암살 등 끔직한 사건을 넘기면서 살레는 영웅 칭호까지 받는다. 영웅 칭호는 추종 세력과 더불어 남예멘 인민까지 묵묵히 받아들였다.

양쪽 인민과 국민들은 통일 쪽으로 기울어졌다. 기회를 잡은 두 정상은 다툼이 없는 통일합의서에 서명을 했다. 1990년! 갑작스런 통일 발표에 온 민족들은 환호하며 꿈이 아니길 바랐다.

그러나 졸속 통일은 오래가지 못하고 문제점을 노출시켰다. 4년이 지난 1994년 권력 배분에 불만을 가진 남예멘이 독립(분리)을 선언하면서 내전으로 번졌다. 사우디 등 10개국이 남예멘을, 미국 등 6개국이 북예멘을 각각 지원했다. 결국 북예멘 승리로 내전은 끝났다. 살레는 예멘민주공화국을 또다시 통일했다.

역사는 정권의 장기집권을 곱게 봐주지 않는다는 게 동서불문 통설이다. 살레 대통령은 다섯 개 직함(대통령, 평의

회의장, 국방위원회의장, 군부최고사령관, 육군참모총장)이 말해 주듯 무소불위의 권한을 차지했다. 2006년에도 5선에 연임된다. 이것이 호사다마의 징조인 것을 장본인이나 추종자들은 몰랐다.

대통령 부정선거 타도를 외치는 시위대들은 세차고 사나웠다. 다급해진 정치 욕심쟁이 살레는 하야성명을 냈다. 그런 후에도 살레는 머뭇거렸다.

권력은 스스로 내려놓지 못한다는 속성은 우리나 예멘이나 다르지 않다. 저항세력은 대통령궁을 습격, 폭탄을 터뜨렸다. 부상당한 살레는 궁 밖으로 실려서 나갔다.

그 뒤를 하디가 물려받았다. 하디는 남북 예멘 통일 때 남예멘 서기장을 버리고 부통령으로 있었다. 뒤늦은 하야성명이 재확인되고 얼마 후 하디가 대통령 선거에서 당선된다.

예멘 시위대와 우리 4.19시위대의 발진 이유는 똑같이 부정선거였다.

그러나 대처 방법은 달랐다. 이승만 대통령은 학생들의 피를 본 뒤이기는 하지만 대표들과 대화 후 하야성명을 내고 경무대를 자기 발로 나가 하와이로 망명했다.

나도 당시 어둑어둑한 밤 광주역 철로 군중 대열에 참여했지만, 자기 발로 떠난 분에게 일말의 연민은 있었을 게다.

기진맥진한 대한민국을 일으켜 세운 공로자에게 느끼는 온정은 배달민족의 혈통이다.

예멘의 쿠데타를 보면서 박정희 대통령이 떠올랐다. 유신만 거두었다면… 역사에 가정은 없다지만, 김재규도 전두환도 5.18도 없었을 것이라는 부질없는 생각이 가슴을 친다.

8) 후티군 게릴라 쿠데타

2012년 대통령으로 당선된 하디의 정치 스타일을 눈꼴사납게 본 후티(게릴라 대표)가 2015년 쿠데타를 일으켰다. 대통령궁을 장악하고 하디를 연금했다.

연금된 하디는 소홀한 틈을 이용해 고향 아덴을 탈출했다. 탈출 후 후티를 불법 쿠데타로 규정하고 사임을 뒤엎었다. 살레 대통령을 코스프레(cospre)한 꼴이다.

발끈한 후티군이 예멘을 다시 공격하자 하디는 또다시 탈출했다. 후티를 못마땅하게 본 사우디는 지원군을 급파하여 후티와 대결했다. 힘을 회복한 하디는 그해(2015년) 9월 다시 아덴에 복귀했다.

그런 와중에 막다른 골목에서 허덕이던 살레가 후티에게 내민 화해의 손길을 사우디의 세작이 벌인 계략으로 본 후티는 부상 치료 중인 살레를 무참하게 처형해 버렸다.

살레는 이미 정치 생명이 죽은 자 아닌가! 후티 게릴라의 참혹성이 드러난 참살이다. 그들의 냉혈적 참혹성은 IS 게릴라나 예멘인이나 별반 차이가 없어 보인다. 지정된 살인이 아니라 남녀노소 무차별 살상을 벌이고 자기들 짓이라고 광고를 한다. 그들은 인성 자체를 부정한 괴물들이다.

북쪽에도 있다. 지금도 남 · 북 예멘에는 게릴라들이 준동하고 있다.

9) 예멘 역사평설을 마치면서

제주 예멘난민 신청자 중 불가처분을 받은 180여 명이 있었다. 이들은 유엔난민 매뉴얼에 따라 낙오된 사람들이다. 난민들의 과거 직업, 현지 적응력, 인성 등을 심사했을 것이다.

이들은 분단과 통일의 반복에서 쿠데타와 내전을 몸으로 겪었다. 이처럼 뒤틀린 산전수전은 죽음 자체였다. 서로 곤혹한 삶을 겪다 보니 동족애보다는 동족이기 때문에 더 괘씸하고 적개, 증오, 갈등이 쌓였을 것이다. 게다가 공화정과 사회정의 정치이념 차이에서 묻어나는 억하심정까지 앙갚음으로 얼굴에 번져 있었을 것이다.

난민심사에서 180여 명이나 불가처분을 받은 이유도 다분히 내전에 있었을 게다. 따라서 분명 본인들만의 책임은 아닐 것이다.

우리는 1945년 분단 후 통일 없는 73년을 보내며 경제발전과 국력을 키워 세계 10위권에 올려놓았다.

우리와 달리 예멘은 분단과 통일을 손바닥 뒤집듯이 했다. 더듬더듬 짚어봤지만 우리와는 비교가 안 될 만큼 불행한 국가다. 예멘은 민족 간 화해가 안 된 상태에서 분단과 통일을 거듭하면서 곤혹의 역사를 연출하고 있었다. 질문이 솔솔 간질거린다.

'우리가 통일이 되면 정녕 평화롭고 정녕 행복한 나라가 된다고 장담할 수 있을까?'

묻지 마시라. 예멘을 보면서 그런 질문을 하다니!

못된 애송이에게 영혼을 빼앗긴 사람들, 외교에 아둔한 사람들 빼고는 다 알고 있다.

07. 임금님 귀는 당나귀 귀

요즘 노인들은 세상사가 우중충하고 말벗 찾는 발걸음조차 어려워졌다고 실토한다. 미세먼지 탓만은 아니다. 문재인 대통령(이하 문통)의 일방적인 행보가 마음을 옥죄게 하고 있다는 것이다. 국민들은 공정한 예우를 받는 존재여야 한다. 국민은 임이다. 임은 밉고 곱고 구분이 없어야 한다.

대통령의 고어(古語)는 임금이다. 어원은 '임'과 '금'에서 왔다. 임은 백성이고 금은 만물의 으뜸이다. 왕은 백성 중에 으뜸으로 여겼다. 어진 임금은 백성을 차별 없이 살폈다. 진보 · 보수 구별도 없었다.

문 임금은 서로 다른 두 개의 집단으로 구분 대우하는 느낌을 받는다. 사회적 변혁을 꾀하자는 진보나 양질의 전통과 관습을 지향하려는 보수나 다 같이 나라를 발전 고무하려는 애국심은 어느 쪽이나 같다.

문통의 통일 · 평화는 두 개의 집단으로 갈라지지 않는 임들과 같이 가야 한다. 한 쪽만 품으려는 게 문제다. 두 쪽의 화해 없는 간격을 두고 이룬 통일은 도루묵이 되는 것을 통일 후 뒤치다꺼리하는 국가들이 보여주고 있다.

지금 문통의 두 개로 갈라진 복심은 불안을 안긴다. 보수 · 진보로 갈라치기해서는 안 된다.

민족의 통일은 모두의 희망이기 때문에 양쪽을 찬찬히 살피며 가야 한다. 종전선언은 통일 준비가 완비된 후에 해도 늦지 않다. 우선 기초부터 다듬어야 한다.

70여 년 동안 우리를 분통터지게 한 일방적인 침탈로 쌓인 마음속 암 덩어리를 그대로 두고 나온 종전선언은 너무 서둔다는 지적을 받을 만하다.

그보다는 버릇없는 애송이(김정은)의 사과와 배상이 먼저다. 일본의 사과 못지않다. 진정성 있는 사과와 배상 없는 종전선언은 헛물켜는 짓이다.

그동안 그들이 저지른 수많은 사건은 차치하고, 6.25의 인명 피해만 살펴봤다.

- 군인 : 사망 149천 명, 부상 710천 명, 실종 132천 명
- 민간인 : 사망 373천 명, 부상 229천 명, 실종 303천 명. 모두 1,896천 명의 사상자를 냈다.

미국을 비롯한 UN16개국을 합치면 입이 떡 벌어진다. 근

대국가가 형성된 1500년부터 발생한 전쟁 중에 군인 사망자가 일곱 번째로 많은 전쟁이라고 역사가는 말한다.

북한은 정상적인 국가가 아니다. 백두혈통이라고 거드름 피우는 애송이는 동족의 피를 즐기는 드라큘라 집안이다. 세 살 버릇 여든 간다고 했다. 그때부터 장군복을 입혀 훈련시킨 몸에 배어든 몬스터(monster) 유전자는 죽을 때까지 변하지 않는다.

밉게 보인 놈은 성질대로 피를 뽑아버리는 습성은 하루아침에 몸에 배인 게 아니다. 신뢰성 없는 사람들과는 멀리 떨어져 살아야 서로 짜증나지 않는다.

통일보다 더 시급한 게 임들의 안전한 삶이다.

지금까지 시행해 온 '자본주의 자유시장 경제원리' 프레임(틀)을 유지하면 된다.

2백 개가 넘는 국가 중 10위권에 드는 나라 대한민국.

자랑해도 되는 나라다. 1인당 소득 3만 달러 - 그 밑으로 떨어지지 않으면 된다. 그런데 흔들리려고 한다.

통일보다 더 시급한 게 환경문제(먼지)다.

북쪽 길보다 더 급한 게 북경 길이다. 두 정상이 담판을 해야 한다. 북경은 물론 북쪽에도 할 말은 당당하게 해야 한다. 왜! 수줍어하는가.

공주보 파괴가 그렇게 급한가? 더 급한 것은 원자력발전소 복원을 전제로 한 화력발전소 폐쇄다. 왜! 임들의 울부짖는 소리가 들리지 않는가!

임금님 귀는 당나귀 귀가 아니어야 임들은 문 임금을 존중하고 따를 것이다.

08. 고려연방제 살펴보기

새삼스럽게 '연방제'가 봄을 맞으면서 살포시 싹이 돋아나고 있다. 평소 북쪽과 이웃처럼 살가웠던 정부가 종북성향으로 발돋움하면서 일고 있는 경향이다.

한반도 민족이 1945년 독립되면서부터 남북으로 갈라진 후 오늘날까지 조용한 세월이 별로 없었다. 이곳저곳 블로그에서 연방제를 찾아봤다. 연방제 · 연합제 · 고려연방제 · 낮은단계연방제 등 형식과 표현이 다양하게 깔려 있었다. 다수의 블로그를 간단하게 간추렸음을 먼저 밝힌다.

한민족 평화통일 '고려연방제'는 북측에서 먼저 기선을 잡고 제안했다.

- 1960년 김일성이 8.15해방 15주년 경축연설에서 포문을 열었다. 남북 현 정치제도를 그대로 두고 양 정부의 독자적인 활동을 상호 보장한다는 단순한 기조만 언급하였다. 13년간 뜸을 들인 후,
- 1973년 6월 23일, 김일성은 국호를 '고려연방공화국'으

로 제시했다.

· 1980년 10월, 6차 공산당대회에서는 국호에 '민주'를 덧붙여 '고려민주공화국'으로 변경하고 정부조직은 연방정부 수립 후 남북 양 지역정부가 내정을 맡고 외교와 국방은 중앙정부가 맡는다고 했다. 체제를 도식화하면, 1민족 · 1국가 · 2제도 · 2정부 형태라고 했다.

평화통일 선결 조건으로는

· 남한에서 군사통치 청산과 민주화
· 미국과의 평화협정 체결과 미군철수를 통한 긴장상태 완화와 재정위협 제거
· 미국의 두 개 조선 책동 저지와 남한의 내정에 대한 미국의 간섭 종식 등이다.

덧붙인 '고려민주연방공화국'의 10대 시정방침에는 참으로 어처구니없는 항목도 있다. 판단은 독자 몫으로 넘긴다.

1. 자주성 견지
2. 민주주의 실시 및 민족 대단결 도모
3. 남북의 경제적 교류 실시
4. 과학 · 문화 · 교육 분야 교류와 협조 및 민족 경제의 자립 발전
5. 전국적 범위에서 교통 · 통신수단의 자유로운 이동

6. 전체 인민의 생활안정과 복리증진
7. 군사적 대치상태 해소와 민족연합군 조직
8. 해외동포의 민주적 권리와 이익옹호
9. 두 지역정부의 대외활동 통일적인 조절
10. 평화 애호적인 대외정책 실시 등

· 1991년 김일성 신년사에서는 잠정적으로 지역자치정부에 더 많은 권한을 부여하는 '느슨한 형태의 연방제'로 변경 제의했다.
· 2000년 남북정상회담(김대중 · 김정일)에서 김정일은 '낮은 단계 연방'으로 변경했다. 80년 '민주공화국' 체제 원칙을 그대로 준수하고 남북의 현 정부가 정치 · 군사 · 외교권을 비롯한 현재의 기능과 권한은 그대로 보유한 채 그 위에 민족통일기구를 구성하는 것이라고 했다. '낮은 단계 연방제'는 고려연방제와 크게 다르지 않고 혈통이 같은 아우 격인 셈이다.
· '고려연방제'는 남북의 사상제도 즉 왕정 · 공화정 등 구별되는 정치이념을 그대로 둔 채 하나의 연방국을 지향하는 것은 서로 부조화적인 내면이 드러나 보인다. 그러함에도 선결조건을 요구하는 등 논리적 측면에서도 일관성이 결여되었다고 평가할 수 있다고 인정했다.

– '남북연방'과 '남북연합'의 통일방안 비교와 반성

북한의 '낮은 단계 연방제', 우리의 '남북연합제'의 통일 방안은 서로 비슷해 보이지만 사전적 의미에서 살펴보면 다르다.

· 연방제 국가는 복수 국가가 평등한 관계에서 기구(조직)로 결합한 국제법상 통일국가를 말하고, 대체로 외교권은 중앙정부가 갖고 내부적인 자치권은 지방정부가 갖는다.
· 연합제 국가는 둘 이상의 독립국이 연합하여 각각 공통된 국권을 갖는 국가를 말한다. 각 국가가 갖는 국권은 주권국가의 주권과 저촉되지 않는 범위 내에서만 갖게 되고 외교권은 갖지 않는다.

기본 정치 프레임에서 우리가 1민족 · 2국가 · 2제도 · 2정부인데 비해, 북측은 국가만은 '1국가'로 색다르게 지향하고 있다. 외교권은 물론 국방까지 단일로 하자는 게 북측의 내면이다. 단일국가 통일에 자신감이 있어 보인다.

북측에서는 '낮은 단계 연방제'에 이르러서도 공산화 활동합법화 · 미군 철수 · 국보법 폐지 등을 적극적으로 제시하였다. 더군다나 자주적 평화조건으로 남한의 군사통치 청산과 민주화 등 안하무인격으로 국교의 경계를 넘는 행태를 보였다. 이러함에도 우리 측은 뚜렷한 대안이 없었고, 유감 표명 정도가 있었는지 모르겠다.

문재인 대통령은 18대 대선 동안 주기적으로 '낮은 단계 연방제' 정도는 반드시 이루겠다고 공언했다고 한다.

연방국가를 이룬 나라들을 살펴보면 정치이념이 같은 나라끼리 오손도손 국가를 경영하는 추세다.

단견일지 몰라도 왕정독재국가와 민주공화국가가 연방을 이룬 국가는 없는 듯하다. 내용이 다르기는 해도 동일민족이 정치이념과 체제가 다른 남북끼리 통일국가를 이룬 나라는 있다.

예멘은 남북 간 세 차례나 통일국가를 이루었지만 수차례 내전을 겪으면서 단기간에 박살이 났다. 남북 예멘의 정치적 이념에서 초래된 영향 탓이었다.

그만큼 정치이념이 다른 나라들은 통일국가를 이루기도 어렵지만 오래가지 못하고 있음을 보여주고 있다.

우리가 설령 연방국가가 되고 두 정상이 제도적으로 성립할 수 있다고 하더라도 백두혈통 애송이가 왕 중 왕 자존심에 손상이 있을 때 과연 부드럽게 관용할 수 있을까?

한 쪽은 사망할 때까지 권력이 보장되고, 다른 쪽은 4~5년 교체가 불가피한 상황은 어떻게 채울 것인가? 뿐만 아니라 인민과 국민이 다르고 이념도 관습도 생활방식도 생활수

준도 다르다. 더군다나 70여 년 동안 쌓인 원한은 어찌하나!

반성은커녕 불러서 부득이 찾아간 단체 손님에게 한 사발씩 담은 면발을 밀어놓고 하는 말, "목구멍으로 냉면이 넘어갑니까?" 호로 간나 새끼들의 모습을 그대로 보고도 한마디 충고 없이 돌아온 우리 귀빈들, 어떻게 숨은 쉬고 있는가?

하나를 알면 열을 안다고 했다. 염치도 예의도 없는 그곳 인민들, 사과와 반성 없는 그들이 머물 곳은 없다. 영원히!

09. 당나귀 귀 · 임금 귀

유아기(1~6세) 아이들의 울음보를 뚝딱 그치게 하는 게 곶감과 장난감이라면 어린이들의 마음을 설레게 하는 것은 동화이다. 이들은 동화 속 새로운 이야기에 스며들어 광활한 공간에 훨훨 날개 치며 환호하기도 한다. 그런 뜻에서 동화책은 어린이에게 뜻 있는 선물이라고 본다.

시끄러운 이 시기에 한가하게 동화책 이야기나 하고 있을 때가 아니다. 지금 우리는 어디로 가고 있는가! 두 조각으로 갈라지기 직전의 조각배에 올라탄 우리는 파도에 흔들려 배멀미까지 일고 있다.

우리는 누구 때문에 이렇게 쪼개지기 직전의 조각배에서 고통을 받아야 하는가?

떠오른 것은 동화 '임금님 귀는 당나귀 귀'였다.

어느 나라에 당나귀 귀처럼 귀가 쫑긋하게 큰 임금이 있었다. 임금은 유별나게 큰 귀가 창피해서 큰 왕관을 만들어

덮어씌웠다.

어느 날 임금 귀를 봐버린 신하는 어느 누구에게도 발설하지 않겠다는 다짐을 했다. 그런데 그게 쉬운 일은 아니었다. 입에서 자꾸만 맴도는 말을 오랫동안 감추고 있으려니 고통스러웠다. 가슴에 박힌 가시처럼 아팠다.

신하는 참다못해 대나무 숲에서 발설하지 않겠다는 말을 토해 버렸다. 가슴이 시원했다. 그러나 오래가지 못했다. 대나무 숲에 바람이 일자 이쪽에서 저쪽에서 이상한 소리가 들렸다. 정신을 차리고 들어보니 자기가 뱉은 말의 메아리였다.

'임금님 귀는 당나귀 귀다.' 녹음기처럼 계속 돌았다. 신하는 정신이 혼몽해졌다. 노발대발한 임금의 모습이 도깨비로 변해 달려들었다. 새파랗게 질린 신하는 온몸을 떨고 있었다.

이를 본 대밭 농부는 용기 없는 신하를 다그쳤다.

"하늘이 임금에게 큰 귀를 내린 것은 백성의 소리를 잘 듣고 덕정(德政)을 베풀도록 한 뜻입니다. 그러므로 신하께서는 이런 의미를 임금께 아뢰어서 좋은 정치를 하도록 하셔야 합니다."

이 말을 들은 신하는 고개만 절레절레 흔들었다.

그 임금에 그 신하였다.

어느 날 대나무 숲으로 산책을 나온 임금은 이상한 소리를 듣고 깜짝 놀랐다. 다짐을 받은 신하의 목소리가 틀림없었다.

"임금님 귀는 당나귀 귀 다 당 당."

화가 치민 임금은 손수 대나무를 모두 작살 내버렸다. 그럼에도 그 소리는 그치질 않았다.

난감해진 임금은 땅바닥에 털썩 주저앉아 통곡을 했다. 이를 본 대나무 숲 농부가 무릎을 꿇고 간했다.

"임금님! 귀가 큰 것은 창피가 아닙니다. 큰 귀는 백성들의 소리를 잘 듣고 백성을 아울러 덕정을 베풀라는 하늘의 뜻입니다. 부디 통촉하시옵소서."

임금의 입가에 미소가 피어났다.

"그렇구나! 알겠다. 어디 사는 누구냐?"

"송구하옵니다. 요 밑에 사는 대밭 임자 목가입니다."

임금에게 대밭 목가만 한 신하가 있었다면 사정은 달라졌을 것이다. 국정 요인 청문회가 떠오른나. 문 대통령의 인기가 떨어지고 있는 요인도 이 동화와 닮은 구석이 엿보인다.

문 대통령도 국민과의 대화가 아쉽다. 잘하는 것도 있지만 못한 것이 상당하다.

· 흠 있는 인재를 꾸역꾸역 앉히고
· 죄 없는 원자력을 죽이고
· 국방한계선을 일방적으로 허물고
· 북쪽에는 우리의 자존심을 짓이겨버리고
· 선거법 공수처 등 패스트트랙이 국민의 삶(경제)보다 우선이고, 온 국민의 도덕성 확보보다 정치적 이익이 더 우선이고, 아들 딸 사위의 가십에는 긴 침묵으로 일관하고 있다.

국정의 정상화를 꾀하려면 대통령의 귀마개부터 뽑아야 할 것이다.

10. 판문점 보도다리 연상(聯想)

지금은 보기 어렵지만 50년 전만 해도 시골동네 냇가를 건너다니는 섶다리가 있었다. 2018년 이맘때 4월의 판문점 다리를 떠올리면서 지금은 전설로 사라진 섶다리가 생각났다.

판문점 다리는 구조물이 섶다리와 다르지만 크기는 비슷하다. 그 다리가 개성에 있는 선죽교처럼 기념비적인 다리로 남을 것인지는 궁금하다. 아마 두 분이 꿈꾸는 '낮은 단계 연방국'이 되면 그렇게 될는지 모른다.

두 분이 그 다리를 몇 번 왕래했는지 산책시간과 대화는 어쨌는지 우리는 잘 모른다. 보도가 없어 더욱 궁금하다. 우리 대통령은 명실상부한 정상이지만 한 분은 법적으로 다툼의 여지가 없는 것은 아니다.

우리 민족끼리라는 동포적 개념만으로 애송이를 정상으로 보고 싶지는 않다. 나는 수괴쯤으로 여긴다. 정상으로 불리고 싶다면, 인민들이 그렇게 믿고 따르도록 인민을 위한 인민의 자유가 있는 삶이 되도록 정상적인 통치를 해야 마땅하다.

지금의 애송이는 인민을 노예로 보는 괴물이지 인간은 아니다. 제 놈이 얼굴을 내밀 때마다 손뼉 치게 하고 소리 지르고 뛰고 추운 겨울바다에도 뛰어들게 하고 마음에 들지 않으면 없애버린다. 그게 사이코패스들이 즐겨 쓰는 행동이다. 그를 정다운 사람이라고 말한 자는 참으로 한심하다. 그런 사람들 때문에 북쪽에 붉은 노예들이 존재하는 것이다.

애송이가 또다시 불장난을 저질렀다. 2018년 4.27판문점 선언문의 사인이 마르기도 전에 포질을 했다. 지난 1년 동안 어떻게 참았는지… 포질 겁박은 참으로 치가 떨린다.

국방부는 장사포라고 우기고 관계 전문가는 미사일이라고 우긴다. 부끄러운 일이다. 어느 것이든 그들은 외교술의 달인답게 우리와 미국에 겁박질을 감행하였다.

두 분이 다정하게 걸었던 평화의 다리로 명토 박을 수 있었던 그 다리를 애송이 큰 실수로 박살낸 것으로 새겨질 수도 있다.

누구나 언제일지는 몰랐지만 사달쯤은 예상했던 터이다. 문제는 이를 차단할 대척무기가 부실하다는 것이다.

문 대통령은 4.27선언문 작성 때, 이런 고려가 전혀 없었는지 묻고 싶다.

6.25부터 70여 년 동안 수많은 사건을 저지른 상습적인 적대행위를 뼛속 깊이 겪었음에도 그런 고려가 없었다면 통수권자의 자질에 문제가 있다고 본다.

4.27판문점 선언문에 '육 · 해 · 공의 공간에 적대적인 도발행위는 금지한다.'고 선언하였다.

이것은 한반도 하늘에 띄운 평화의 선언문이었다. 그런데 그게 포질로 쓰레기통이 삼켜버린 것이다.

'한 번 속은 것은 속인 놈이 죽일 놈이고, 두 번 속으면 속은 놈이(바보 백치) 죽일 놈이다.'라고 한다.

70여 년을 붉은 집단과 살아온 역사 앞에서 선량한 자긍심이 부끄럽다.

다시 판문점 다리로 돌아간다. 그 다리를 오가며 걸린 시간쯤은 문제가 안 된다. 다만 의전 규범을 떨쳐버리고 수행원 없이 두 분만의 산책은 이해하기 어렵다.

두 분이 다정한 목소리로 소곤거리고 싶었을 것이다. 그러나 전 세계의 이목이 쏠리고 있는 이벤트였다. 우리의 국격에 맞는 의전은 갖춰져야 한다고 본다.

2018년 4월의 연둣빛 잎들이 오롯하게 만든 숲길. 날씨마저 화창하게 조율된 봄날에 '판문점 보도다리'에서 두 분은 막힘없는 대화가 연인들처럼 주렁주렁 열렸을 것이다. 그런 분위기에 마음씨 고운 문통은 순정을 쏟았을 것이지만 외교의 달인(거짓말쟁이) 애송이는 속 깊이 숨겨놓은 세작(細作)으로 버무린 대화를 숨겨놓았는지 알 수 없다.

문 대통령은 또다시 예상되는 포질에 대비해 애송이 겁박으로부터 깨어나길 온 국민은 바라고 있다.

제2부

새 정당 이름

11. '동방예의지국'과 악수

문재인 대통령의 '영부인'이 매스컴을 장식하고 있다. 영부인은 사전적으로 옮기면 '남을 높이여 그 부인을 이르는 말'이라고 적고 있다.

2018년 '5.18광주민주화운동' 기념식장에서 그 영부인은 맨 앞줄에 서 있는 사회적 대표 지도자들과 악수를 하면서 유별스럽게 한 사람을 빼놓고 지나가 버렸다.

시도한 분은 시원했을지 모르지만, 당한 분의 마음은 어땠을까? 광장에 모인 시민들은 간지러운 눈짓과 한숨을 뒤섞여 하늘과 옆으로 내쉬었다.

당한 분(황교안 대표)은 넋이 흔들렸을 것이다.

온 나라의 눈과 귀가 집중되고 있는 현장인 5.18기념식장에서 연출된 한 토막의 가십이다.

되돌아보면, 전두환 독재의 탄압에 자유 · 민주에 목숨 걸고 항거했던 광주 시민들의 숭고한 애국정신이 들불처럼 일어난 게 광주항거다. 아리따운 애먼 시민이 억울하게 너무 많이 죽었다.

이게 철천지원수 한 놈 탓이다. 오늘날 우리가 이 꼬락서니가 된 것도 남남갈등이 깊어진 것도 한 놈의 뿌리에서 왔다. 그러나 역사는 역사에 덮어두어야 할 굽이가 있다.

우리는 남남갈등 해소에 힘을 보태야 한다. 5.18의 숭고한 넋을 기리고 그 뜻을 잊지 말자는 거룩한 기념식장 아닌가! 그 장엄한 분위기를 깨뜨려버린 한 컷의 주인공은 불행하게도 영부인이었다.

예로부터 우리나라는 '동방의 예의지국'의 아이콘으로 불렸다. 가정부인의 일거수일투족은 본인만으로 평가하지 않는다. 그 남편을 연상하게 된다. 애들이 못된 짓을 하면 그 애비와 어미를 연상하듯이 말이다.

부인의 단점이 남편과 연상될 경우의 평가는 두 사람 모두에게 혹독하게 내려진다. 이때의 인심은 '남편은 누구냐?'로 연상된다. 부부는 일심동체이기에 그렇다.

거듭하면 가족 모두는 하나의 규범에서 이루어지는 공동체 일원이기에 각자가 갖고 있는 예절 · 도덕 · 자존감 · 정의감 등 잘 갖춘 인품은 그 가정의 위상을 표징하기 때문이다.

영부인의 위상은 대통령뿐만 아니라 나라의 위상에도 미치는 영향이 크다. 영부인답게 갖춰야 할 불문율 품격과 규범이 존재한다.

국민들로부터 존경 받는 영부인이 되길 바란다. 그게 국격의 추락을 막는 길이기도 하다.

동방예의지국의 찬사에 먹칠한 부도덕의 화인(火印)을 스스로 이마에 찍은 촌부로 떨어졌다.

12. 새 버전 동화 '햇님 달님'

가까운 옛날에 홀어머니와 오누이 가족 셋이 산골 외딴집에서 살았다. 이웃 마을 허드렛일로 밥벌이를 했다.

그날도 세 개의 산등성이를 넘어와서 길쌈 일을 거들고 집으로 되돌아가는 산비탈 길이 어둑어둑해질 무렵이었다.

오누이의 저녁밥을 얻어 임을 이고 있는 홀어머니의 마음은 조급했지만 총총걸음은 따라주질 않아 애가 탔다.

첫 번째 산등성이에 이르고 있을 때 코앞 숲길에 시퍼런 불빛이 어른거렸다. 홀어머니는 화들짝 놀라 펄썩 주저앉았다. 때굴때굴 굴러 떨어진 임은 입을 열고 밥 · 떡을 살포시 보여주고 있었다.

시퍼런 빛은 호랑이 눈에서 나오는 빛이었다.

"보름 동안 굶어 힘이 빠졌다. 시장기만 가시게 해주면 안 잡아먹을 거야!"

홀어머니는 보름이나 굶었다는 호랑이가 측은한 마음이 들었다. 굶어서 그런지 온순해 보이기도 했다. 무서운 생각이 가시면서 기다리고 있을 오누이가 언뜻 스쳤다.
“호랑아! 배고플 거야, 밥과 떡을 둘로 똑같이 절반으로 나눠줄 터이니 그리 알고 날 보내다오.”
고개를 끄덕거린 호랑이를 보자마자 먹을 것을 던져주고, 다리야 살려라! 부리나케 뛰었다.

헐레벌떡 두 번째 산등성이를 넘으려 할 때 언제 앞질렀는지 시퍼런 불빛이 깜짝이고 있었다. 배가 덜 찼다는 듯 깜빡이는 눈빛이 더 세차게 느껴졌다.
“호랑아! 남은 음식은 애들 몫이야! 더 이상 못 준다.”
이 말을 들은 호랑이는 고개를 갸우뚱한 후 즉각 센말로 받는다.
“그럼 몸뚱이를 내놓으면 난 더 좋지!”
기가 막힌 홀어머니는 심장이 멈춘 듯싶었다.
‘저놈이 보름이나 굶었다고 했을 때 칼로 난도질을 못 한 내 잘못이 크지. 시장기만 없애주면 안 잡아먹겠다는 말에 속은 내가 어리석지….’라고 중얼거렸다.
후회가 먹구름처럼 휘몰아쳤다. 사지가 굳어버린 홀어머니는 부들부들 떨리는 손으로 오누이에게 줄 생명줄 같은 마지막 음식을 내놓고 말았다.

홀어머니는 투덜투덜 두 다리를 끌며 어렵사리 마지막 세 번째 고개에 닿았다. 애들이 기다리고 있을 집 뒤뜰 우물가 느티나무가 거무튀튀한 왕 우산처럼 눈에 들어왔다. 애들에게 줄 게 아무것도 없다는 생각이 들자 눈물이 쏟아졌다.

눈물을 훔치고 있을 때 시퍼런 불빛이 또 나타났다.

아! 이게 뭐야. 철천지원수, 징그러운 놈, 시퍼런 불빛만 봐도 피가 거꾸로 솟는 놈, 바로 그놈이 이빨을 드러내고 으르렁거리고 있었다.

애들 몫까지 몽땅 빼앗아 먹은 뒤라 힘이 붙어 으르렁 메아리가 밤 깊은 산골짜기를 훑었다. 그 소리에 홀어머니는 정신을 잃고 쓰러졌다.

호랑이가 낙낙하게 포식한 그곳에는 두개골과 뼈대만 나뒹굴고 있었다.

이 동화는 어렸을 때 들었던 동화를 새 버전으로 옮겨본 것이다. 오누이가 해가 되고 달이 되는 에필로그는 생략한다.

동화를 짓누르고 있는 주인공 호랑이는 단연 압권이다. 그 호랑이가 백두혈통 손자로 대비되고, 홀어머니의 순진성이 죄가 되지는 않는다고 자위하면서도 내척섬 없는 홀어머니의 순진성과 뒤얽힌 무능함에 한이 서린 것은 숨길 수 없다. 실루엣으로 비춰지는 홀어머니가 바로 우리라는 게 더 무섭고 싫다.

13. 새 버전 '벌거숭이 임금님'

이번은 안데르센의 '벌거숭이 임금님' 동화를 새 버전으로 올린다. 안데르센(1805~75)은 덴마크 시인이자 작가이다. 이 동화는 155년 전 덴마크왕국의 정치 무대에 살았던 작가가 1864년에 발간했다.

어느 나라의 임금이 통치술은 무능한데 어의(御衣)는 화려하고 독특한 옷을 선호했다. 임금 뜻을 알아차린 신하들은 민생은 제쳐놓고 어의 제작에만 골몰했다. 숙의 끝에 '어의 공모전'을 내걸었다.

평소 시중에 떠도는 임금의 평판을 잘 알고 있던 사기꾼 재봉사가 임금을 골려줄 작심을 하고 도승지 앞에 나타났다.

"황홀한 옷을 제작하는 재봉사입니다. 지상에 하나밖에 없는 옷감으로 재봉하여, 임금님이 흡족해 하실 어의를 만들어 올리겠습니다. 믿어주시고 임금님을 알현할 수 있도록 인도해 주십시오."

입이 벌어지게 감흥한 도승지는 앞뒤 가릴 것 없이 재봉사를 임금께 알현시켰다. 재봉사는 임금에게도 같은 말을 되풀이했다. 임금의 안면이 밝아짐을 감지하고 느긋해진 사기꾼은 때를 놓치지 않고 대못을 박았다.

"어의 값은 폐하 뜻에 따르겠습니다. 다만 꼭 짚어 아뢸 말씀은 옷감이 바보, 백치, 멍청이 눈에는 보이지 않는다는 것입니다."

탄탄하게 이중 쐐기를 박은 후 납품일은 한 달 정도이고 어의 값은 선불로 주시면 더욱 빛나는 어의가 되도록 노력하겠다고 했다.

임금은 보름 정도가 지나자 애처럼 안달을 냈다.

"납품일은 언제냐?", "그놈이 재봉사 면허증은 있느냐?", "준 옷값은 온당하냐?" 등등. 사후약방문은 빈번했지만 도승지(비서실장)는 그때마다 "예, 예" 조아릴 뿐이었다.

어느 날 임금님의 조급증에 시달린 도승지는 물어물어 재봉사를 찾아 나섰다. 찾아간 곳은 간판도 재봉틀도 없었다. 화가 지민 도승지는 재봉사를 거칠게 채근했다.

"보다시피 재봉 일을 열심히 하고 있지 않습니까? 돌아가셔서 불원간에 납품하겠다고 전하세요." 재봉사는 재봉 흉내를 내보이며 말했다.

사기꾼 재봉사의 맹랑한 빈손 재봉 흉내 짓거리가 사기극

이란 것을 깨달은 도승지는 미칠 것 같았다. 그러나 냉정해야 한다고 스스로를 다그쳤다. 이미 엎질러진 판세였다. 어쨌든 자기가 몰캉몰캉한 멍청이만은 면하고 싶었다. 재봉사의 허공 질을 못 본 체하며 발길을 돌렸다.

"폐하! 옷감 자체가 하나밖에 없다 보니 시간이 많이 걸린답니다. 불원간에 납품하겠답니다."

"뭐야! 불원간에? 네놈이 도승지냐? 그게 어전에서 할 말이냐?"

임금과 도승지는 품격이 서로 어울렸다. 그 후 애가 탄 임금은 똑똑한 다른 승지를 보냈으나 그마저도 멍청이가 될 성싶어 도승지와 똑같은 상계(上啓)를 했다.

꼭 한 달이 되는 날, 재봉사가 어의를 손에 든 채(흉내) 임금 앞에서 당당하게 고했다.

"폐하! 늦어서 황송하옵니다. 당초 아뢰었듯이 '보이지 않는 옷감'이라 재봉이 어려웠습니다."

재봉사는 아양스레 말하면서, 어의를 벗긴 후 보이지도 않는 새 어의를 더듬거리며 입히는 흉내를 냈다. 그런 모습을 보고 있는 신하는 물론 임금마저도 심사가 뒤틀렸지만, 끝내 입을 열지는 못했다. 모두 멍청이가 되고 싶지 않았기 때문이다. 어질어질해진 분위기와 꿀 먹은 분위기가 겹쳤다. 궁지에 몰린 임금은 그 분위기를 벗어나는 방법은 행차

뿐이라고 여겼다. 임금은 발걸음이 빨라졌다.

그 대열 옆을 따르던 꼬마가 고함을 질렀다.

"임금님은 벌거숭이다. ○○○숭이다~~~ 알나리깔나리!"

임금은 그 소릴 듣고도 행차를 멈추지 못했고, 몸 둘 바를 모르는 신하들은 얼굴을 들지 못하고 부들부들 떨며 임금을 뒤따랐다.

왜? 그토록 속내를 감췄을까! 멍청이가 되는 것보다 꿀 먹은 것이 나은지 모르겠지만, 어쨌든 그 임금이나 그 신하들은 안데르센을 비롯한 온 백성들로부터 두고두고 저주를 받았을 것이다. 안데르센의 저주가 가슴에서 꿈틀거리며 쓰인 게 동화 '벌거숭이 임금님'이다.

안데르센이 이 동화를 쓴 1864년 무렵, 덴마크왕국은 독일의 철혈재상 비스마르크의 침입을 받아 핍박을 받았고, 그때 자국의 '스레스비히'와 '홀수타인' 두 공국을 빼앗겼다. 본 동화의 뿌리는 여기에 박혀 있다.

우리의 대통령과 고위관리들이 꼭 덴마크왕국의 그 시절 왕과 신하들의 모습과 닮은꼴로 연상된다. 문 대통령 앞에서 '노'라고 할 수 있는 각료가 1명이라도 있을까? 당대표를 비롯한 당 간부들의 입에서도 모르기는 해도 이미 '노'는 잃어버린 언어가 되었을 것이다. 우리의 임금님은 벌거숭이 그 자체이다.

14. '선거와 댓글' 살펴보기

2017년 제19대 대통령선거 드루킹 댓글 사건, 지금은 잠잠해졌지만 댓글의 황제인 드루킹과 당시 국회의원 김경수가 손 맞춰 공동범죄를 획책한 댓글은 규모가 가히 천문학적이었다. 이를 듣고 시민들은 속이 부글부글 끓었다. 특검이 발표한 수치를 보면 네이버 · 다음 · 네이트 등에 올린 댓글이 무려 1억에 가까운 9,971만여 개라고 밝혔다.

2012년부터 6년 동안 요동쳤던 제18대 대선정국은 주범인 원세훈 국정원장이 부하들과 박근혜 후보에게 유리하게 달았다는 댓글이 27만여 개였다. 그러나 드루킹 댓글 9,971만여 개에 비하면 0.0271%에 불과하다. 주범 원세훈에 대한 대법원 최종판결은 1심보다 1년씩 더 늘어난 징역 4년, 자격정지 4년이었다. 형량 판결에 댓글 횟수를 똑같은 '함수'로 볼 수는 없겠지만, 댓글 양 자체로만 본다면 병아리 눈물 정도라고 비교할 수 있다. 그러나 국정원장으로서는 도저히 할 수 없는 범죄행위다.

피고인 김동원은 드루킹(별명)으로 불린다. 별명 자체가 황제라는 뜻을 함유하고 있다. 공범 김경수는 국회의원 신분이었다. 두 분의 만남에 누가 먼저 접근했는지 궁금하지는 않다. 누가 '갑'의 최정점인가! 그게 궁금할 뿐이다.

1차 판결문에서 그것을 더듬어 살펴보는 것은 독자의 몫이다. 2007년 대선부터 댓글 작성기계 2백 대를 설치해서 그동안 댓글사업이 신장됐다고 했다. 댓글에는 악플도 있고 선플도 있다. '플'은 영문 'Play'에서 왔다. 악플이든 선플이든 어쨌건 성업을 했다고 하면 고개가 갸웃거린다. 댓글 하나가 이익 쪽과 손해 쪽이 동시에 맞물려 발생하기 때문이다. 드루킹의 산채에서는 제19대 대선에서도 댓글은 변함없는 중추 프런트(front) 업무로 계획하고 있었다고 한다.

피고인 김경수는 2016년 6월 30일 드루킹을 소개받아 알게 된 후 같은 해 11월 9일 느릅나무(산채)를 방문해 드루킹으로부터 킹크랩 브리핑을 받고 그 시연에 참관한 뒤 곧바로 개발 및 운용을 허락한 것으로 특검팀은 보고 있다. 그러는 동안 두 분은 2016년부터 올해 2월까지 상호 간에 산채와 김경수 국회의원 사무실을 열한 차례 오간 것으로 파악했다. 이 노정(路程)에서 김경수는 드루킹으로부터 경제민주화 관련 정책 등 기타 정치관련 자료를 받았고, 드루킹은 오사카 총영사 인사 청탁 등이 오가면서 친분을 쌓았다. 특검팀은 2016년 11월 9일 산채에서 김경수에게 보여준 킹크랩 시연 때의 파일을 확보 분석해서 사실을 확인했다고 밝혔다.

그토록 다정했던 두 분이 서로 돌아선 것은 인사 청탁이 깨졌기 때문이다. 드루킹은 김경수에게 측근 도○○ 변호사를 오사카 총영사 자리에 요청했는데 김경수 측에서 이를 거절하고 대신 센다이 총영사 자리로 수정 요청했으나 드루킹이 거절하면서 뒤틀렸다. 그러나저러나 공직선거법 위반죄를 구성한 것은 요지부동이었다. 특임검사 허익범은 시름없이 징역 7년을 구형했다. 피고인 김경수는 댓글 시연회도 범죄공모도 없었다면서, 손바닥을 치지는 않았지만 밝혀진 수십 건의 증거까지도 탈탈 털었다고 한다.

2019년 1월 6일, 서울지방법원 형사합의부 성창호 부장판사는 피고인 김경수에게 '업무방해 및 정치자금법상 뇌물공여'에 해당한다며, 징여 3년 6월의 실형을, 정치자금법 위반에는 징역 6월에 집행유예 1년을 선고했다.

판결문 낙수(洛穗)

· 김정숙 영부인은 민주당 대선 경선장에서 경인선(經人

先) 가자고 거듭 외쳤다. 경인선은 드루킹 사무실 산채이다.

· 드루킹은 김경수에게 제안한 경제정책안이 2018년 1월 10일 문통의 국회기조 연설문에 반영됐다고 주장했다.

· 김경수는 어르신께서 '경공모' 발음이 어렵다고 해서 '경인선'에 새 뜻을 부여하고 활용함. 어르신이 누구냐? 질문에 문통이라고 답했다.

· 2016년 11월 김경수 앞에서 킹크랩 드로토 타입 시연한 게 맞느냐? 드루킹은 '당연하다'고 했다.

· 드루킹은 댓글작업 등 10일 또는 2주에 한 번 간격으로 김경수에게 직접 온라인 동향 보고를 했다.

· 드루킹은 노회찬 의원에게 접근하여 협찬을 구하면서 정치자금을 주었다고 밝히기도 했다.

사설평론(私說評論)

· 원세훈과 김경수는 댓글의 달인이다. 두 분은 한동네 사는 개로 비유할 수 있다. 두 분 다 착해서 충견 노릇을 했다. 누가 더 잘잘못을 했는지는 알아도 터놓고 말하지는 않겠다.

속담 "똥 묻은 개가 겨 묻은 개 나무란다."는 속담으로 사설평론을 대신한다.

한심한 대전시장 선거 재판이 떠오른다. 권선택은 시장에 당선되면서 선거법 위반 1심에서 유죄로 당선 무효가 됐다. 2심·3심까지 갔다. 하세월이 간 후 임기 몇 달을 앞두고 1심 그대로 유죄판결을 내렸다. 당사자는 죄인 누더기를 둘러쓰고 그 자리를 끝까지 버텼지만 시민은 역겹게 살았다. 김경수도 떼기 어려운 징역딱지가 붙었다. 그분도 끝까지 갈 것으로 보인다. 내 법 상식으로 뒤집기는 터무니없어 보인다.

도덕의 원조 스승인 공자는 인(仁)을 내걸고 그 중심에 예의범절(禮儀凡節)을 진중하게 지킬 것을 설파했다. 예의범절은 도덕의 중심 언어이다. 특히 정치인들은 가슴에 새겨야 할 덕목이다.

15. 김정일 앞에서 비굴했던 대통령

2007년 노무현 대통령(이하 노통)과 김정일 위원장(이하 김정일)의 회담이 평양에서 있었다. 정상회담이 나돌 때 이번 장소는 약속대로 의당 서울로 알았다. 그러나 서울 약속은 허망하게 깨졌다. 결국 김대중 대통령을 속였다.

진정성을 찾아볼 수 없는 거짓말에 노 대통령은 국격 · 자존심 상관없이 평양에 반억지로 간 셈이다. 회담장의 분위기는 양쪽 모두 무겁게 전개되었던 것으로 느껴진다. 동아닷컴 2013년 6월 26일자로 등록된 사설을 그대로 옮긴다.

노통과 김정일 간의 대화 모습이 마치 계열사 사장이 그룹 총수 앞에서 미주알고주알 보고하는 듯한 모습이었다. 마뜩잖아 하는 김정일에게 노통이 조금만 더 들어달라고 말했다. 또한 김정일과 함께 아리랑 공연을 보고 싶다며 어려운 부탁을 한 양 "아이고 죄송합니다."라고 말했다. 곁에 김양건 통일전선부장이 "장군님께서 일정이 바쁘시기 때문에"라며 끼어들자, 김정일은 "일 없어 일 없어." 하고 제지했다. 마치 통 크게 아량을 베푸는 모습이다. 김정일에게 회담 시간을 연장해 달라고 매달리는 모습도 그렇다. 그는 "여기까지 와서 김정일하고 달랑 두 시간 대화하고 가라고 그렇게 말씀하시면 됩니까?" 비슷한 말을 되풀이했다. 대통령의 격도 국가 체면도 구겨진 말이다.

김정일이 면전에서 (한국이) 자주성이 없다고 타박하자 노통은 반박은커녕 맞장구를 친다. "남측의 어떤 정부도 하루아침에 미국과 관계를 싹둑 끊고 북측이 하시는 것처럼 이런 수준의 자주를 하는 것은 불가능합니다."라고 대답했다. 지구상에서 가장 폐쇄적인 세습독재정권인 북한 지도자 앞에서 "세상에 자주적인 나라가 북측의 공화국밖에 없다"라고 한 말에 말문이 막힌다.

그는 자주국방 · 주적 개념 폐지 · 전시작전권 환수 · 미2사단 후방배치 · 작계 5029폐지 등을 자랑하듯 언급하며, "자꾸 너희들 뭐하냐? 이렇게만 보지 마시고요 이렇게 보시면 달라지는 것입니다."라고 말했다. 적장에게 우리의 중대한 국방정책을 이해해 달라고 하는 게 주권국가 원수이자 군통수권자가 할 말인가!

노통은 김정일의 비위를 맞추기 위해 친북반미 성향을 노골적으로 드러낸다. "여론조사를 해봤는데, 제일 미운 나라가 어디냐고 했을 때 그중에 미국이 상당 숫자가 나옵니다."라는 대목은 마치 고자질하는 투다. "나는 지난 5년 동안 내내 국제무대에 나가서 북측 입장을 변호해 왔습니다." 라는 말이나 국제사회가 합의한 방코델타아시아(BDA) 제재를 미국의 실책이라고 단언하는 것은 북핵을 옹호한다는 고백이나 마찬가지다. 일본이 북한의 일본인 납치 문제를 대단히 중시하는 걸 알면서도 '(일본이) 생트집을 잡고 있다고 써놓은 책도 있다.'라고 한 것도 경솔하다.

노통은 김정일의 서울 답방과 관련해 "남측 방문은 언제 해주시렵니까?"라고 질문해 놓고 김정일이 정세 핑계를 대자 "남측은 데모가 너무 자유로운 나라라서 모시기도 그렇다."라고 오히려 미안해하듯 말했다. "한국에 가더라도 내가 아니고 김영남이 가기로 김대중 대통령과 얘기가 돼 있다."고 한 발언도 분명히 따져봐야 한다. 노통은 "위원장께 청을 하나 드리겠습니다. 임기 마치고 난 다음에 평양 좀 자주 들락날락할 수 있게 좀"이라고 매달렸다. 전직 대통령이 무엇 때문에 구걸하듯 해가며 북한 땅을 밟고 싶었는지 궁금할 뿐이다. (이하생략)

노 대통령의 연상(聯想)

노무현 대통령은 내가 찍은 대통령이다.

더벅더벅 걷는 모습에 8전 9기의 걸기(傑氣)가 묻어 있었다. 야무진 얼굴에 정의감 · 정직성 · 추진성 · 포용성 등도 있어 보였다. 서민 대통령 감으로 으뜸이었다.

그러나 5년의 세월이 가면서 오류를 뉘우치게 했다. 국민 통합성과 정의성은 친근 이념에 흔들렸고, 정직성도 가족과 더불어 흔들렸다. 종국에는 순사도 아닌 자결은 대통령으로서 못내 아쉬운 일이다. 어쨌건 노통은 제 뜻대로 세상을 버렸다.

16. 홍콩 분노 – 우리 각성

홍콩의 시위대가 사나워졌다. 첫날 1백만 명이 들끓었는데 2차 때는 2백만 명이 넘었다고 한다. 홍콩 시민이 울고 싶을 때 중국정부가 빰 때려준 꼴이다. 발화점은 간단하다. '홍콩 죄인은 홍콩에서, 베이징인도 절대 불가'가 외견상 원인이다.

홍콩은 중국(청나라)의 본토였다. 영 · 중 간 아편전쟁으로 승리한 영국은 난징조약으로 1841년부터 1997년까지 156년간 홍콩을 조차(租借)했다. 영국의 속령은 홍콩 시민의 뜻은 아니었다. 그로부터 57년 후인 제2차 아편전쟁에도 1898년에 또다시 패하자 홍콩 북부섬(신세계지)까지 추가로 조차했다. 기간은 99년간으로 본 홍콩 조차 기간인 1997년에 꼭 맞췄다.

중국이 1978년 경제계획의 시발로 그동안 축적된 홍콩 자본은 외국 자본 격으로 중국에 공급됐다. 다음해부터 바로 북쪽에 경제특구를 건설하면서 홍콩 산업은 발전했고 재정금융은 영향력이 커졌다. 홍콩은 세계로부터 주목받는 도시가 됐다.

어느덧 세월은 가고, 1997년 7월 1일 조차기간은 해제됐다. 본토보다 훨씬 부자가 된 홍콩은 중국의 환대를 받았으나, 홍콩 시민은 조국의 품에 안기면서 행복한 마음이 들었는지는 잘 모르겠다. '홍콩특별행정구역'이 선포되고 정부행정장관이 취임했다. 두 나라는 홍콩특별행정청에 약속을 했다. "1997년 이후 50년 동안 홍콩의 현행 경제 및 사회체제를 기본적으로 유지하고, 외교 · 국방을 제외하고는 홍콩 주민의 자치를 인정한다."고 했다. (1984.9.26. 중 · 영 공동선언문)

영국은 홍콩을 넘겨주면서 신사의 나라 영국답게 탈탈 털고 약속대로 넘겨주지 않고, 왜! 시시콜콜 간섭하려고 했을까? 중국 일당공산당 정치체제가 미덥지 않았고, 그 체제가 영국의 자유민주체제와 상충(相沖)되는 게 두려웠을 것이고. 아마도 딸 시집보내는 부모의 노파심 같은 게 아니었을까 싶다.

왜? 홍콩 시민은 열병이 났을까! 열병은 환경의 온도차에서 왔다. 자유민주 시민으로 1세기 반을 살았던 교양 시민이 갑자기 공산사회주의 체제로 변했거나 변하려는 환경(정부 간섭)에 빠져 살려니 얼마나 속이 뒤틀렸을까! 짐작은 간다. 답답해진 마음은 오히려 옛 영국 속령 울타리가 그리웠으리라!

온 세계 빅뉴스가 됐던 2014년 홍콩 우산혁명 때 1백만 명보다 이번 홍콩 시민 운집은 두 배가 많은 2백만 명을 넘었다고 한다. 홍콩 인구 7백만 명에 짚어보면 시민의 30% 가깝게 참가한 셈이다. 1989년 천안문 6.4사태 1백만 명 때보다 열기가 더 뜨거웠다. 그러나 천안문 사태 때는 사상자가 1만 명이 넘었다는 설에 비하면 다행스럽게도 온순한 시위였다.

우리말 홍콩은 붉은 콩이다. 곧 팥죽의 팥이다. 다른 콩과는 좀 다르다. 메주콩은 끓는 소리가 '자글자글'이면 팥은 '짜글짜글'이다. 볶으면 튀는 소리가 메콩은 '틱틱'이면 팥은 '톡톡' 소리도 세고 뛰는 거리와 높이도 멀고 크다. 홍콩(팥)은 다분히 다른 콩에 비해서 다혈질인 셈이다. 홍콩 시민의 성품은 잘 모른다. 천안문 6.4사태 때 1백만 명, 홍콩 우산혁명 때 1백만 명, 엊그제 홍콩 시위 1백만 명, 두 번째 홍콩 시위는 2백만 명으로 증가했다.

홍콩(팥)의 에너지와는 아무런 상관이 없다. 그럼에도 지금도 활활 끓고 있는 그분들에게 팥죽 한 사발씩 보내고 싶다.

중국은 몸집(인구 1억 4천만 명)이 너무 비만이다. 56개 다민족에 티베트 · 대만 · 홍콩까지 시끄럽다. 몸집이 크면 유지비용도 많이 들고 비효율적이다. 뿐만 아니라 자유민주주의체제에서 156년간이나 살갑게 살았던 영국풍 홍콩 시민이 갑자기 달라진 공산체제에 뜨악하게 놀란 감정은 이해가 되면서 동정심도 팥죽처럼 짜글짜글 끓는다.

17. 뒤늦은 공산주의 재학습은 왜 해야 하는가?

북쪽이 선전포고 없이 쳐들어온 6.25전쟁을 우리는 몸으로 막으면서 피를 쏟았다. 전쟁 준비가 없었던 우리는 낙동강까지 밀렸고 부산 앞바다에서 떠돌이 배(보트 피플)를 탈 수밖에 없게 됐을 때 우리 정부(이승만)의 긴급 요청에 미국을 비롯한 UN군의 참전으로 목숨을 도생한 절반의 전승국이 됐다. 그와 같은 처절한 아픔을 겪은 후 지금까지 긴 세월 동안에도 수많은 사건들이 있었다.

정전체결위반사건은 425,271건. 참으로 입이 떡 벌어지는 수치다. 뿐만 아니다. 비무장지대 총격, 공비 남파, 땅굴, 분계선 월선, 선박 포격, 어선 납치, 항공기 납치 및 폭파 등 평화협정체결위반 사건은 2,900여 건으로 북쪽 공산당의 극악무도하고 야만적인 만행을 그저 속절없이 움츠리며 자존심 구기고 살아왔다. 뻔뻔하기 그지없는 그들은 지금까지 그랬듯이 앞으로도 변할 기대감은 1%도 없다. 그러함에도 소갈머리 없는 정객들은 도대체 공산주의가 무엇이기에 싫다고 거절하는 쌀을 억지로 보내겠다며 안달하는지 그 모습에 정말 속상해서 잠자리를 설칠 때가 있다.

북쪽은 누가 뭐래도 빨갱이 나라다. 19세기 중반 무렵 프랑스 제2차 혁명 때 좌파 시위대 깃발이 빨강색이었던 게 연원이다. 이 무렵 공산주의는 독일 철학 헤겔학파의 영향을 받았다. 헤겔파는 4개 파가 있었는데, 그중 급진좌파에 마르크스가 자리하고 있었다. 그 시절에 마르크스가 공산주의 이념을 잉태한 산실이라고 말할 수 있다.

1848년 마르크스는 '공산당 선언'을 했다. 이 영향으로 유럽이 출렁거렸다. 시위, 반란, 폭력이 난무했다. 프랑스가 무너지고 공산주의가 힘을 얻었다. 마르크스의 선동전술은 먹혀들었다. 그러나 확장력은 오래가지 않았다. 19세기 중반부터 힘을 잃어갔고 20세기에 들어서서 공산주의 외투는 쓰레기통으로 점점 버려지는 처지로 변해 가고 있었다.

마르크스는 자신이 쓴 『자본론』에서 '공산당 선언'을 건져냈다.

(공산당 선언문)

"모든 사회는 계급투쟁의 역사다. 부르주아(자본가 귀족계급)와 프롤레타리아(노동자계급)는 서로 적대적 관계이다. '공산주의 동맹' 자체가 진짜 노동자를 위해 행동한다. 그 이유는 자본주의 사회를 전복하고 사회주의 사회로 대체하는데, 그 목표로 삼는다."

이 지라시가 유럽 전체 사회를 휩쓴 원동력이 되었다. 열성적인 마르크스와 그를 추동하는 노동자들이 함께 지라시를 뿌렸다. 세종시를 대선공약으로 내건 노무현처럼 마르크스도 공산당 선언 지라시로 재미 좀 봤다고 말했을지는 잘 모른다. 어쨌건 마르크스는 공산당 선언으로 유명해졌고 오늘날에도 역사적 인물이 된 것은 사실이다.

'공산당 선언문'을 품고 있었던 『자본론』의 요지를 살펴보자. 『자본론』은 경제학의 기초를 다진 마르크스의 저술책이다. 한 마디로 간추리면 급진좌파의 이념을 경제학 이론으로 심어놓은 책이다.

1857년 마르크스는 자본 · 부동산 · 임노동 · 국가 · 무역 · 세계시장을 열거하고, 영국 대영박물관을 산실로 삼고 연찬을 거듭해 나온 산물이 『자본론』이다.

『자본론』의 중심에는 노동자가 있고, 그 골격은 노동가치설과 잉여가치설이 보완하여 떠받들고 있다. 공산주의의 핵심 키워드는 공동생산 즉 공산(共産)이다. 공산주의는 그 공산에 주의(主義)를 붙여 만든 테마(主題) 이념이다.

그 테마의 중심은 노동자와 상품이 받쳐주고 있다. 노동자는 노동가치설로, 상품은 잉여가치설로 학문화했다. 노동자가 노동 능력으로 상품을 생산해 내는 가치를 노동자 몫으로 표현한 것이 '노동가치설'이다. 또한 그 상품이 시장가치로 이익을 창출한 게 '잉여가치설'이다. 잉여가치설의 근본은 리카도에서 나왔지만 마르크스에게 빌려준 셈이다.

자유시장경제를 다루는 아담 스미스의 『국부론』에서는 모든 생산품은 자본 · 토지 · 노동 3대 요소가 서로 결합하여 얻어낸 결과물을 잉여로 봤다. 잉여 즉 '경제는 보이지 않는 손으로 관리된다.'고 했다.

공산주의 이론의 원조급인 마르크스는 노동자를 중심에 놓으면서, 자본 · 토지(공장건물) 가치는 쭉정이 취급을 하고, 자본가 이익 부분은 노동자의 이익을 착취해서 생긴 악의 적폐로 취급했다. 이러한 이론은 공산주의 이념의 뿌리인 유물사관에서 연유됐다. 유물론은 유심론과는 정반대로 물질적인 것 즉 눈에 보이는 실체만 인정하고 보이지 않는 마음 · 정신력 따위는 무시해 버린다. 그래서 그들은 종교를 백해무익한 것으로 여기고 있다.

그들의 또 하나의 중심 테마는 공동생산 · 공동분배의 원칙이다. 『자본론』에서는 이렇게 말한다.

모든 생산노동은 그 사람의 능력대로 일하고 분배(임금)는 필요(수요)에 따라 임금을 받는다. 예로, 능력 10,000원짜리와 1,000원짜리가 똑같이 일하고, 분배는 두 사람의 공동임금 11,000원을 둘이 똑같이 나눠 5,500원씩 받는다. 이것이 정상적인 셈인가!

이런 상황에서 누가 열심히 일하려 할 것인가? 상식이 없는 공산 사회, 망할 수밖에 없다.

이것이 마르크스와 엥겔스가 만든 공산주의의 이념 줄기이다. 그야말로 노동자계급인 프롤레타리아를 갑의 중심에 두고 부르주아를 을 밑으로 밀어붙이면서 저주의 대상으로 취급한 것이다. 자본가 그룹을 부수기 위한 책략으로 노동자혁명을 유도한 선동 수단으로 마르크스의 『자본론』은 그 몫을 당당히 해냈다고 본다. 당시 유럽에서 사기충천한 노동자들은 맘껏 빨간 깃발을 흔들었고 널리 퍼졌다. 그 기운은 이미 맥을 잃은 상태지만, 우리의 민노총 노동자들은 한없이 포효하고 무소불위의 불법행태를 보이고 있다. 아마도 마르크스의 공산주의 유전자가 그대로 전이된 것이 아닌가 싶다.

마르크스와 엥겔스 두 분은 자본주의가 자체의 사회 모순으로 반드시 무너질 것으로 믿었고, 그 무너진 자리에 사회주의가 대신 자리 잡고 일정한 시기에 이르면 반드시 공산주의가 유토피아 자리를 차지할 것이라고 예언했다. 과연 예언대로 됐을까?

마르크스 공산주의로 재미를 본 독재자 두 분이 있다.

한 분은 레닌이다. 1903년 볼세비키당을 만들고 17년간 내공을 쌓은 후 노동당 당원 30만 명이면 충분하다면서 10월 혁명을 일으켜 성공했다. 레닌의 장담대로 혁명대원들은 프롤레타리아 계급 30만 명이었다. 레닌은 혁명가답게 니콜라이 2세와 가족을 모조리 총살했다. 레닌은 소비에트연방을 세우고 수상이 됐다. 이 노동당원 30만 명은, 과거 이해찬 민주당대표가 자기네 당원은 30만 명이면 족하다는 어느 연설문에서 언급한 수치와 일치해서 의미 있게 기억에 남아 있다.

또 다른 한 분은 모택동이다. 그는 사범학교 재학생 때부터 혁명운동에 가담했다. 농민 노동자 운동에 열성이었다. 1927년 장개석 국민당과 분열한 모택동 공산당은 장개석 정부군의 공격에 쫓겨 섭서성 북부 연안으로 깊숙이 들어가기까지 머나먼 대장정의 고초는 실로 컸다. 대원은 대부분 노동자 농민이었다. 수십만 명의 동사자와 아사자를 냈다. 그런 와중에 국민당 정부군의 공격은 느슨해졌다. 그러나 모택동의 중공군은 끈질겼다. 쳐들어오면 도망가고 국민당 정부군이 빠지면 뒤쫓아 공격하고. 장개석 군대도 모택동의 게릴라 전술 즉 늑대 전술에 결국은 패하고 대만섬으로 쫓겨나고 말았다. 1949년 국공내전은 모택동 승리로 끝났다.

공산주의 국가 중 제일 큰 이들 두 나라도 마르크스 공산주의가 그린 근본 공산주의 국가는 아니다. 마르크스 공산주의와는 많이 변형됐다는 뜻이다. 그들의 시장경제가 돌아가는 상황을 보면, 마르크스의 『자본론』 원론대로 돌아가는 시장경제는 하나도 없다.

자본주의의 변형된 자유시장경제 시스템이 자리하고 있을 뿐이다.

기타 나라들, 즉 중국 · 러시아 · 쿠바 · 베트남 · 캄보디아 등 다섯 나라가 어정쩡하게 외형 뼈대만으로 받치고 있을 뿐이다. 머지않아 끝 종이 울리고, 자유시장경제가 자리 잡을 것이라고 믿는다.

자본시장에 "악화가 양화를 구축한다."는 경구(警句)가 있다.

레닌과 모택동은 악화였고, 핀란드 대공자 니콜라이 2세와 장개석은 양화인 셈이다.

우리 국민들의 교육 수준은 세계적이다. 그러함에도 역사

의식 수준은 교육 수준에 못 미친다. 왜, 그럴까? 오랜 식민지 근성에 매몰되어 있었기 때문이다. 우리는 굳건히 깨어나야 한다.

18. 트럼프 속마음

태평양을 건너온 미국발 소식은 불안을 안긴다. 트럼프 입에서 애매한 말이 흘러나왔기 때문이다.

"비핵화는 입구에 닿아 있다."라는 코멘트가 설왕설래로 나돈다. 비핵화는 '불가역적'으로 굳어진 것으로 믿고 있었는데, 그것이 흔들리고 있는 기미가 보인다. 그런데 미국은 그렇지 않다고 부인하고 있다.

베트남에서 싸늘한 모습을 뒤로하고 회담장소를 박차고 나온 트럼프의 걸기는 어느 대목에 버렸을까?

판문점에서 트럼프와 애송이가 경계선을 몇 발자국 오가며, 애송이와 악수도 하고 어깨도 살짝 두드려주는 모습이 다정하기보다는 의구스런 느낌이 들기도 했다. 판문점 장소에 끼지 않은 것은 문재인 대통령(이하 문통)의 자의였는지 타의였는지는 잘 모른다.

비핵화가 무르익어갈 무렵이었다. 싱가포르 회담 전후에

문통의 행보는 가벼워 보였다. 비핵화 문제는 우리가 끼어들면 들수록 불리한 분위기였다. 트럼프와 애송이가 맞장뜨게 한 후 그 결과에 따라 문제가 있을 때 트럼프나 애송이를 각각 만나 미결사안을 협의하는 역할이 외교상 격에 맞는다고 본다. 하지만 문통은 그렇지 못하고 자꾸 끼어들었다. 그것이 애송이에게 빌미를 주면서 우리에게 불리한 분위기가 조성됐다.

일관성 있게 선 비핵화를 주장하고 있는 트럼프에게 애송이는 서로 비슷하게 동반 제재를 풀어야 한다는 의견을 갖고 있었던 것 같다. 그 무렵 애송이는 목마름이 임계점을 넘어 목이 타들어가고 있었다. 그때 한 모금 물병을 주자는 문통의 주장은 외교 사리에 맞지 않는 것으로 보였다.

그렇게 주춤거린 그 시간에 애송이는 언제나 어려울 때 구원의 모태(母胎)인 시진핑을 만나 바닥난 에너지를 충전받은 후 러시아로 뛰어가 공산주의 동반자인 푸틴의 심원(心願)도 얻어냈다.

이와 같이 고갈된 기운을 추스르게 된 애송이는 그토록 애달프게 도와준 문통을 헌신짝 버리듯이 대우했다. 나라답지도 않는 깡패 집단이 핵 방망이 하나 들었다고 좀비처럼 나댔다. 그동안 미운 놈 떡 주듯 했는데도 문통을 빈 깡통 버리듯 씹는 발언은 인면수심의 극치를 내보였다. 그곳의 국장급(애송이 여동생)이란 자가 내뱉었다는 욕설의 그 자는 사람이라 말할 수 없다.

우리는 깜박 깨어나지 못하면 늑대들이 파놓은 지하 땅굴에 몰려 들어갈지 모르거니와 역사적으로 의식이 순진한 우리는 고려연방제에 함몰되면 그 땅굴이 바로 지옥으로 변할지도 모를 일이다.

19. 미소가 미워진 사람

비서실장 시절에도 그랬지만 대통령이 되신 후 얼마까지도 이미지가 좋았다. 인권변호사의 별칭도 호감이 갔고, 잡음 없이 묵묵히 일하는 모습이 미덥게 느껴졌다.

그런데 그런 분이 대통령 생활 1년 전후로 변모해 갔다. 특히 남북 교류의 물꼬를 트면서부터 애송이에게 센말 한마디 없이 쩔쩔매는 언행과 눈웃음을 보면서 그분이 서운해지기 시작했다. 북쪽으로부터 반세기 훨씬 넘는 세월 동안 얼마나 많은 치욕을 받았는가! 원한의 피 값은 뒤로 돌리더라도 우선 사과의 입말 정도쯤은 받는 게 의례 아닌가! 대통령은 개인의 자격이 아니기 때문이다. 북쪽 애송이에게 그분의 헤픈 품행이 국격과 국민 자존심과 연결되면서 분노가 치밀었다.

국리민복의 깃발은 뒷전에 밀어내고, 사회주의 이념 깃발만 나부낀 형상으로 보였다. 그 깃발에 나부낀 항목을 보자. 최저임금제 · 근로 52시간 · 소득주도성장 · 교육평준화(자사고 특목고 폐지) · 무노동복지 · 남로당 손용우 서훈 · 역사 교과서 바꾸기 · 간첩선 못 본 체하기 등등.

역사에는 고비와 굽이가 같이한다. 우리는 중대한 갈림길에 서 있다. 먹느냐 먹히느냐의 고비다. 단순한 통일 하나만 올려놓고 물으면 싫어하는 사람은 없다. 현 정부가 속내를 드러내버린 민족통일은 양의 탈을 쓴 늑대의 속성이 드러난 공산통일이다. 한미동맹의 축을 흔들면서 하는 통일은 지옥으로 떨어지는 통일이다.

'자유민주주의'는 세계 선진화 국가들의 최상위 정치체제다. 반면 공산주의는 유럽을 비롯하여 남미도 맛을 보고 버린 쓰레기다. 애송이를 상기해 보면 답이 보인다. 이게 보이지 않는다면 정상적인 민주시민이 아니다.

지구상에 공산주의 나라는 점점 사멸되고 다섯 손가락 정도밖에 없다. 특히 땅 크기로 허풍쟁이인 두 나라는 자기네들이 그토록 증오한 '자유시장경제' 틀로 짜 맞춘 마차에 바퀴(공산체제)만 끼워서 작동하니 소리도 성과도 효율성이 떨어질 수밖에 없다.

국운이 백척간두에 처해 있다. 이럴수록 한미동맹 강화와 이웃 나라 간에도 친교를 속히 복원해야 한다. 우리는 민주국가끼리는 누구와도 손을 잡아야 할 처지에 왜 일본을 긁어 부스럼을 만드는가! 반일 감정을 부추겨 남남갈등을 고조시키는 행위는 어느 누구에게도 용납될 수 없다.

왜놈에 대한 원한은 뿌리가 아주 깊다. 쉽게 가실 수 없는 뼛속의 원한이다. 우리나라를 초토화시키고 수천만 동포가 총칼로 피를 쏟았다. 징병과 위안부로 노예처럼 모진 목숨으로 연명했다. 이처럼 애절한 세월을 어찌 쉽게 잊겠는가! 그러나 우리는 서로 돕는 전우가 꼭 필요한 역사 시점이다. 일본도 이웃으로 어깨동무해야 한다.

세계대전 이후 오대양 육대륙에 제국국가로부터 풀려난 식민지는 널브러져 있었다. 그러나 식민지 청구권 문제로 시끄러운 나라는 우리나라밖에 없다. 청구권을 놓고 국제법 운운하는 것은 이제는 잊어야 한다. 정부가 이 문제를 한일 감정으로 도치시키려는 듯 양상을 보이고 있는 것은 이미 늦어버린 푸념에 불과하다.

1945년 한일관계는 서로 토라진 상태로 있었다. 1963년 11월 박정희와 존슨은 미국에서 만났고, 한일 관계의 물꼬를 트는 데 의견을 같이했다. 1964년 미국 러스크 장관의 조력을 받아 1965년 6월 22일 한국 청구권 문제는 해방 20년 만에 '김종필과 오히라 간 메모'로 알려진 내용은 다음과 같다.

· 무상 3억 불, 차관 2억 불, 민간 차관 1억 불을 제공한다.

· 한국이 일본에 지고 있는 무역부채 4,600불은 무상 3억 불에서 공제하기로 한다.

· 기타 담겨진 내용을 간추리면, '일본은 한국에 투자된 자본과 개별재산 모두를 포기하고, 한국의 보상금으로는 무상 3억 불, 차관 2억 불로 지급한다. 이상으로 한국의 청구권은 포기한다. 모든 청구권은 1965년 6월 22일 이전에 발생한 사유에 기인한 것에 관해서는 어떠한 주장도 할 수 없다.(재산 및 청구권 · 강제징용 · 위안부도 포함됨)'

물밑에서 어른거렸던 강제징용보상청구권이 다시 떠올랐다. 노무현 정부시절이었던 2005년 8월, 징용보상청구가 제기되자 '민관공동위원회'가 조직되고 위원장 이해찬 국무총리 · 문재인 위원(당시 민정수석) 등이 검토에 들어갔고, 7개월간 검토 끝에 심의결과문을 발표했다. 검토 내용의 핵심은 '강제징용배상 책임은 어느 쪽에 있느냐?'였다.

-발표문-

· 한일협정으로 일본으로부터 받은 무상자금 3억 불 속에는 강제징용보상금이 포함되어 있다. 이 결정(決定)에 당

시 노무현 정부는 피해자 72,631명에 대한 보상금 6,184억 원을 지급했다.

노무현 정부 민관공동위원회는 강제징용보상금은 무상 3억 불에 들어 있어 일본의 면탈이 됐음을 분명히 밝혔고, 우리의 징용피해자에게 정부가 대신 보상 조치하였으므로 한일협상은 말끔하게 종지부를 찍었다. 이 결정문에는 위원 문재인부터 위원장 이해찬, 대통령 노무현 순으로 사인을 했을 것이다. 역사기록은 지울 수 없다. 한일협정 사건의 중심에 있었던 고급관료(문재인)는 왜 딴전을 피우는가?

우리가 원수를 갚는 일은 일본을 힘으로 압도하는 것이다. 그날까지 잊지 말자. 역사는 끝없는 운행이다. 기다리면 굽이와 고비가 반드시 바뀐다.

20. 새 정당 이름

새 당명 간판 하나가 내걸렸다. '우리공화당'이다. '우리'는 노무현 대통령이 쓰고 버린 간판이었다. '공화당'은 주권재민(主權在民)의 뜻이 성스럽지만 속은 텅 비어 있는 정당이었다. 우리와 공화당이 만나 '우리공화당'이 된 셈이다.

우리공화당이 국민들의 눈과 귀에 익어 친근감이 들었는지는 모른다. 그러나 박근혜 전 대통령이 팍팍한 공간에서 오랫동안 근신을 곱새기며 작명했을 것으로 짐작되면서도 좋은 당명이라고 말하지는 못한다. 참신하지 않기 때문이다.

정당 이름은 국민에게 모토로 한 정치 목표를 어필할 수 있는 새로운 이미지를 품어야 한다고 본다. 우리+공화당은 너무 낡은 이미지다. 또한 일상적인 당명 호칭 때에도 불편하다.

'우리'라는 말을 하는 분이나 그 말을 듣는 사람이나 불편함이 있다. 노무현 정부 때 소규모 금고를 비롯하여 우리식당 · 우리세탁소 등이 불어났다. 화자가 '우리민주당'이라고 말하면 그분이 우리민주당원인지 아닌지 헷갈렸다. 우리세탁소라고 말할 때 그분이 세탁소 주인인지 동네 사람인지도 헷갈렸다. 신당 우리공화당도 일정 기간 헷갈릴 것이다.

당명 얘기가 나온 김에 '더불어민주당'도 살펴보자.

'더불어'(부사)는 '더불다'(불완전동사)에서 나온 말이다. 더불어는 그 앞에 명사든 동사든 형용사든 어떤 낱말을 보완해야 문장이 된다. 더불어의 뜻은 같이, 함께이다. 그러므로 더불어 앞에 우리 가족 · 당신 · 국민 등 낱말이 놓여야만 맞춤법에 맞는 문장이 된다.

'더불어민주당'은 더불어 앞에 더불어가 품어주는 낱말이 없기 때문에 허전하고 맞춤법도 맞지 않다. 일반 문장이 아니라 당명이기에 맞춤법쯤이야 어겨도 된다는 우김은 억지다. 이를 두고 한글학회에 물어봤고, 학회에서도 인정했다. 그러나 그 조치에는 함구해 버렸다.

한글 훈민정음 해례본은 유네스코에 등재된 우리의 소중한 문화재다. 한글의 품위는 우리 스스로 지켜야 한다.

제3부

오만과 위선

21. 둑이 무너지는 기미가 보이지 않는가?

한반도 상공에 북쪽 · 동쪽 할 것 없이 괴력의 홍수를 감춘 거대한 먹구름이 형성되고 있다. 언젠가 임계점에 이르면, 그 홍수는 둑(국가)을 무너뜨리고 삽시간에 휩쓸어버릴 것 같은 위기감이 엄습하곤 한다.

둑이 터져버린 한반도를 상상해 보시라! 빨갱이들의 발에 채이고, 내 손에 쥔 황소 고삐도 내주고, 내형은 잡혀가고, 눈 뜨고 죽어간 시체들도 수없이 보고, 인민재판에 불려나가고, 빨갱이가 불질러버린 학교에서 기왓장 씻어 책걸상 만들어 노천수업 받으며, 공부했던 증오의 기억은 잊을 수 없는 나의 육이오의 악몽이다.

그로부터 69년, 긴 신고의 세월 속에 피와 땀으로 다부지게 다듬은 우리의 나라 대한민국, 무궁화조차도 쓸어버린 그 참혹한 몰골 앞에서 우리 가슴에 남은 것은 피눈물밖에 없다. 이런 참담한 모습을 직접 보거나 당해 본 적이 없는 종북파 정치권의 주인공들은 먹구름조차 외면한 채 희희낙락하고 있는 현실이다.

또 한편 동쪽에서는 일본이 못 참겠다며 발끈하면서 우리의 심장을 긁었다. '한일 간 청구권'이란 괴물이 또다시 거품을 물고 되살아났다. 한일 간 악감정의 뿌리는 깊게 박혀 있다. 그 뿌리의 시초는 16세기 말 임진왜란부터다. 난리는 7년 동안이나 지긋지긋했다. 원수 '풍신수길'은 내 80이 넘는 치매 나이에도 지워지지 않는다.

지금 우리는 어두운 긴 터널로 들어서고 있다. 금강석처럼 믿고 있던 한미군사동맹에 빈틈이 나고 있는 상황에서 엎친 데 덮친 꼴이다. 불장난 짓을 하고 있는 애송이가 언제 어떤 짓을 할지 불안하다. 이런 현실에서 중국과 소련까지 우리 영공을 들락거리며 노골적으로 흔들어대고 있다. 김정은은 물론 어중이 주변국까지도 물때를 만난 듯 희색만면으로 우리나라를 우습게 여기며 거들거리는 형국에 놓여 있다. 환난은 홀로 오지 않는다는 게 역사의 교훈이다.

우리는 멀어지고 있는 미국과의 동맹도 새롭게 다져야 하고, 이웃 일본도 밉든 곱든 역사적 원수이지만 그렇다고 적대국으로 울타리 막을 때가 아닌 것은 확실하다. 작은 힘이라도 보태야 할 시점에서 적대국을 만든다면 어리석기 그지없다.

외교가 다국 간에 소용돌이치는 시점에서 일본을 건드리는 것은 외교 전력상 큰 손실이 아닐 수 없다. 진정 싸움을 걸려면 먼저 적을 살펴야 하고, 때(시기)·물(하천)·지역(지형) 등 세 가지를 살펴야 한다는 게 병법의 달인 손자의 가르침이다. 손자병법에도 맞지 않을 뿐만 아니라 현재 우리의 처지로서는 그럴 때가 아님을 모른다면 국가통수권자의 자격미달이다.

문통이 걸기로 보여주고 싶었던 한일 감정 유인책은 국민선동 책략의 허구다. 양정철 민주당 연구원장 손에서 나온 여론조사서가 나팔수 역할을 했다. 문통은 지도자의 몸으로 좌고우면할 수도 없고 국사의 늪에 빠진 꼴이 됐다.

지도자는 때로는 개인적인 의견은 제쳐놓고 국민들의 소리에도 귀를 기울여야 현군도 되고, 국민도 그 현군을 따르게 된다.

일본이 미운 게 어찌 문 대통령뿐이겠는가!

미국에 그토록 굽신거린 아베는 미워도 자국민을 위해서 헌신하는 아베를 우리 지도자도 좀 참고했으면 싶다. 김정은 앞에서 한 대로만이라도 미국과 일본에 했다면 결코 오늘과 같은 외교 참사는 일어나지 않았을 것이라고 말하고 싶다.

지금이라도 외교의 기초부터 배우자. 일본이 밉다고 떠밀지 말자. 미운 놈 떡 한 쪽 더 주자. 미우나 고우나 우리 이웃이다. 한반도를 뚝 떼어서 이사 갈 수도 없지 않는가! 숙명의 이웃으로 알고 일본을 제압할 수 있는 국력을 키우는 수밖에 없다.

유방을 도와 항우를 깨부수고 통일 진나라를 세운 한신 장군이 떠오른다. 젊은 날 한신은 저잣거리에서 갱두목과 마주쳤다. 두목은 제 바짓가랑이 밑으로 기어가라고 했다. 주변에는 구경꾼들이 둘러서고 있었다. 한신은 차마 따르기 어려운 분위기였음에도 곧장 무릎 꿇고 기어나갔다. 항복하지 않았다면 한신은 어떻게 되었을까! 상상은 독자 몫이다.

한신은 그렇게 대장부가 되어 진나라를 세운 기둥이 됐다. 일본을 달래며 힘을 키우자. 그날이 오면 조센징 소리는 자연스럽게 사라질 것이다.

22. 대통령 말씀

"한 번도 가보지 못한 나라로 만들겠습니다."(이하 한가나)

문 대통령(이하 문통)은 이 말씀을 간격을 두고 여러 번 언급했었다. 대통령의 말은 국민에게 명심불망(銘心不忘)으로 새겨진다. 하늘에 두둥실 띄운 애드벌룬을 보고 상큼한 기분이 드는 사람도 많았겠지만 나는 의구심이 들었다.

'한가나'는 지구상에 없는 나라를 의미한다. 하늘에 띄운 애드벌룬(광고)은 상당한 시간이 지났지만 구체적 내용은커녕 줄거리조차도 알 길이 없어 궁금증이 일었다.

평소 우리 민족끼리를 전제한 민족주의를 애용하는 걸 보면, '한가나'는 '고려연방제'를 염두에 둔 게 아닌가 싶다. '한가나'의 명제가 지구상에 유래가 없는 새로운 정치체제를 구상한 게 분명해 보이기 때문이다. 만약 그렇다면 '한가나'는 어떤 체제일까?

먼저 떠오른 체제는 '공산체제'였다. 우리 대한민국은 공산체제를 국시로 내건 적이 전혀 없었다. 또한 지금 전개되고 있는 현 정부의 좌편향 무게중심 자체도 그런 추측을 가능하게 했다.

이 추론은 단순한 내 사견일 뿐이다.

문통이 즐겨 쓰는 우리 민족끼리는 민족주의 이념이 받쳐주고 있어 그 자체가 정겨운 느낌을 주는 수사다. 그러기에 한 핏줄의 줄기가 살갑게 느껴지는 속성을 지닌다. 이는 부족국가나 왕정국가를 거쳐 근세 국가에도 일반화된 개념이다. 그 후 20세기에 이르러 민족주의 (민족끼리)는 고전으로 밀려났고, 글로벌이 앞장서면서 민족주의는 많이 희석된 이념이 되었다.

중세기 유럽의 이동민족들은 대부분 나라를 세우면서 울타리(경계) 다툼에 휘말리면서 같은 민족끼리 겪은 많은 전쟁 후유증으로 민족주의는 뒷전으로 밀리면서 따로따로 나라를 세웠다. 그들은 민족주의에 앞서 국가 편의 위주로 오늘의 국가들이 됐다.

유럽 북동쪽에서 서부유럽으로 이동한 게르만족은 라인강 하류지역에서 울타리를 치면서 동프랑크 · 서프랑크 · 이태리로 각기 분할 국가를 세웠다.(870년경) 이들은 긴 세월

동안 이웃 나라로 불편한 시기도 있었지만, 오늘날 프랑스 · 독일 · 오스트리아 · 이태리 네 나라로 지금까지 선의의 경쟁 부국으로 인정받는 우호 국가다.

스칸디나비아의 노르만족(Vikings)은 중세까지도 유럽 각지를 떠돌며 괴롭혔던 해적민족이다. 10세기경, 이들은 같은 민족을 뛰어넘어 노르웨이 · 스웨덴 · 덴마크 · 핀란드 네 나라로 분할하고, 세계에서 제일가는 복지국가로 오순도순 살고 있다.

통수권자는 뭘 생각하고 있는가? 한가나(고려연방제)를 꿈꾸면서 남북통일 국가를 연상하고 있는 게 아닌가 싶다. 그러나 북쪽은 이미 우리 민족이 아니다. 1948년부터 70년간 갈라져 살면서 그네들 속살까지 환히 다 봤다. 6.25 남침 때 그들의 짐승 같은 잔인성은 동족이 아니란 걸 깨달았어야 했다. 그들은 원수이고 적일 뿐이다. 제발 지금처럼 미국 동맹을 바탕으로 국력을 키워 세계 강국을 만든 후 일본과 이웃으로 살갑게 살고 싶다. 독일과 오스트리아도 한 동족이면서도 각자 독립국가면서 오순도순 이웃 국가로 살고 있는 게 부럽기만 하다.

23. 새 요지경

지금 세상은 요지경 속이라고 한탄하는 소리가 들린다. 나라 형편을 염두에 두고 나온 말이다. 요지경에는 온갖 희한한 그림들로 꽉 차 있었다. 6~70년 전에 서커스 공연 뒷전에서 요지경은 구경꾼들의 환심을 샀다.

새로 등장한 요지경의 버튼은 문 대통령의 몫이다. 그 보조 연출자는 조국이다. 조국과 가족은 잔꾀로 포장된 사술이 특출하다. 열기 어려운 요지경 판도라 상자는 검찰도사(윤석열)가 활짝 열고 있는 중이다. 한 번 열린 판도라 상자는 제우스신의 뜻대로 모두 쏟아질 것이다.

조국 부부와 가족 · 친척의 조작 위조 협박 증거인멸 거짓말 등 수두룩하다.

나라는 들끓고 있다. 지식인 · 원로언론인 · 변호사단체 · 의사단체 · 교수단체 · 종교단체 · 대학생단체 등 국민 모두가 가슴을 앓고 있다. 나라가 두 쪽 난 것도 모자라 남–남끼리 서로 삿대질을 하고 승냥이 질을 하고 있다. 심지어 친구 간 가족 간에도 터놓고 말 못 하고 있는 나라꼴이 되고 있다. 이런 꼴의 책임의 최고봉에 있는 문 대통령은 말리기는커녕 오히려 부채질로 확산시키고 있다. 심지어 범죄 용의점이 한둘이 아님에도 '용의자는 용의자일 뿐'이라며 묵살하고 임명했다.

법무장관은 조선시대 사헌부 판서와 동격이다. 사간원이 있어 '폐하! 죄인 판서는 아니 되옵니다.' 상소를 올릴 수 있었고, 신문고도 대궐에 걸어놓고 백성들의 하소연을 들었다. 왕조시대에도 그랬는데 - 오늘의 우리를 보면서 - 애달픈 내 마음을, 청마 유치환 시인이 사랑한 이영도 시인에게 보낸 애달픈 시 '그리움'에 실어 옮겨놓는다.

파도야 어쩌란 말이냐 / 파도야 어쩌란 말이냐 / 임은 뭍같이 까닥 않는데 / 파도야 어쩌란 말이냐 / 날 어쩌란 말이냐 ~

우리나라는 세계적으로 교육열이 높아 인재백화점이라고 해도 과언은 아니다. 조국을 두고 어떤 이는 인물이 잘생겼다고 했다. 고매한 인격에 얼굴까지 잘생겼으면 최상의 인물로 여겨질 것이다. 인격과 얼굴 중 어느 쪽이 더 소중하냐고 묻는다면 인격 쪽이라 대답하겠다. 신랑감도 얼굴만 보지 않는다. 더더구나 국무위원은 다르다.

법무부는 국가의 기강이 되는 정의와 도덕, 사회질서를 바로 세우기 위한 검찰 행형(行刑) 인권 등 올바른 법질서를 다스리는 최고의 법무관서이다. 여기에 좌우가 있어서는 안 된다. 조국은 사노맹 사건으로 실형을 받았음에도 반성 한 마디 없는 철면피를 임용하고도 후회하지 않는다는 그 말씀, 참으로 이념이 무섭다는 걸 새삼스럽게 깨닫게 해준다.

문통과 조국은 혈맹이다. 삶과 죽음을 같이할 정도다. 사회주의 · 공산주의는 지구상에서 쇠퇴해지고 있는 추세다. 중국 · 러시아는 땅과 인구는 부자여도 우리나라보다 못사는 나라들이다. 북쪽은 민족끼리를 외치며 핵 방망이 하나 들고 갖은 욕설과 협박으로 한반도가 마치 자기네 영토인 양 으르렁대고 거리낌 없이 휘젓고 있다. 천성이 승냥이 같은 북쪽과 함께 산다면 우리마저 자유도 잃고 거지꼴이 되고 말 것이다.

24. 홍콩 시민의 위력

홍콩을 또다시 생각한다. 홍콩 시민의 결기가 시간이 더할수록 그 정도가 높아지고 있고, 우리의 시민집회와 유사한 부분이 있기 때문이다. 홍콩 시위는 홍콩 범죄인의 외지 인도를 반대하면서 불씨를 지폈다. 2019년 6월부터 다시 시작된 시위는 1백만 명, 2백만 명을 넘어 인산인해를 이뤘다. 이 시위의 뿌리는 2014년 노란우산 시위에 닿고 있다. 여느 때는 1주일 간격으로 연속 시위를 하기도 했다. 시위대 2백만 명은 홍콩 인구(7백만)의 28.6%가 열혈 시위꾼으로 참가한 셈이다. 대단한 참가율이다.

우리의 경우 좌우 양쪽이 자랑스럽게 들이대는 서초동 2백만 명, 광화문 3백만 명은 우리 인구 5천만 명 꼴로 치면 4%, 6%에 불과하다. 실로 도토리 키 재기로 홍콩 시위대 28.6%에 대하면 비교도 안 되는 수치다.

홍콩은 왜 그렇게 기를 쓰고 일국양제(一國兩制)를 꺼리면서 본토 품안을 싫어했을까? 홍콩은 영국의 속령지로 156

년(1841~1997)을 살았다. 우리의 일본 36년에 비하면 120년 더 긴 까마득한 세월이었다. 그러나 우리의 식민지 생활과 영국의 속령지 생활은 달랐다. 홍콩인들은 속령지 시민으로서 영국의 정치·문화·사회관습에 불편하지 않았고 그래서 저항하지도 않았다. 중국 본토인들보다 오히려 자유 등 삶의 질 자체가 괜찮았기 때문이었을 것이다. 그러면서도 영국의 속령지에서 벗어난 자체는 외견상으로는 홀가분했을 것이다.

그런데 그 느낌이 오래가지 못하고 환상은 깨지고 말았다. 중국 본토의 정치·사회·문화 등 생활 시스템은 이미 자유민주 체제에 익숙해진 홍콩 시민들에게는 옛 고향 본토이기는 해도 마음과 몸으로 느끼는 감각은 사뭇 다르게 다가왔고, 그로 인해서 가슴 질환을 앓게 된 고통이 깊이 자리잡고 있었다고 볼 수 있다. 이렇게 스멀스멀하다가 폭발된 게 홍콩 노란우산혁명이라 말할 수 있다.

홍콩 시위대는 우리처럼 온순하지도 착하지도 않다. 홍콩 경찰 역시 우리 경찰처럼 부드럽지 않다. 물대포, 최루탄, 경찰봉, 소총 휴대 등 살벌하다. 시위대가 복면을 착용하자 복면금지법이 발표되고 시위대는 더욱 격렬해졌다. 이곳저곳 기물들이 파손되고 소총 발사도 몇 발 있어 부상자도 발생했다.

행정장관 캐리 람(여)은 "범죄인 인도법은 이미 죽었다." 고 한 발짝 물러났지만 시위대를 잠재우지는 못했다. 한 발 더 나간 시위대는 새로운 깃발을 들었다. 지금 제한적인 소수선거위원으로 선출한 행정장관 선거제도를 직접선거제도로 전환을 내걸었다. 소수선거인 제도는 본토 공산당의 선호 법이다.(일종의 대의원선거) 직접선거권은 민주주의의 상징 가치다. 공산당 일당이 이 가치의 수용은 하늘이 두 쪽 나도 불가능하다. 그래서 홍콩은 이길 수 없는 게임을 하고 있는 실정이다.

홍콩의 향후 전망은 우리보다 더 낫다고 할 수 없다. 그들은 왜소하기까지 하다. 본토 인구 14억 명 대 홍콩 7백만 명의 대결, 마치 매머드와 쥐새끼의 대결처럼 보인다.

홍콩 시위대 대표인 조슈아 웡은 20대 중반 인물이다. 세계 자유우방국이 간접 지원을 보내고는 있지만 실효성은 실없어 보인다.

홍콩 기본법의 실효는 2047년부터이다. 당장은 영·중 공동선언문의 효력으로 지탱되겠지만 그 이후는 옛 속령지 영국 시절의 영화도 보장받지 못한다. 시진핑이 떡 버티고 있는 본토가 쉽게 무너질 리 없고, 홍콩의 장래는 암울할 수밖에 없다.

우리의 신세타령은 어떤가? 솔직한 한 마디로 말하면 대한민국 국호가 위태롭다고 말하고 싶다. 국가기강이 금이 짝짝 가면서 흔들리고 있기 때문이다. 왜 그런가? 한 사람 문 대통령 때문이다. 그분은 당나귀 귀를 가졌는데 우측 귀가 막힌 것인지 막아버린 것인지 알 수는 없다. 좌측 귀로는 듣는 것 같다. 왜냐하면 그쪽 분들과는 응답이 잘되는 것으로 보이기 때문이다. 그렇게 추측 되는 이유는 국정의 산물이 입증해 주기 때문이다. 일일이 열거가 난삽하기에 테마만 올린다.

외교 파탄(한미동맹, 지소미아, 한일악화) · 국방력 약화 NLL선 · 경제 파탄(계획경제시행, 일급여 간섭, 시간제도) · 서훈 문제 · 패스트트랙 문제 · 조국 문제와 그 가족 문제 어느 것 하나 정리된 게 없다. 이러고도 우측 귀 막지 않았다고 말할 수 있는가? 한숨만 나온다. 막아버린 우측 귀도 열어야 한다.

문통의 지지가 30%대로 추락하고 있다고 한다. 누굴 믿고 그런지 모르겠다. 북쪽 애송이마저 "삶은 소 대가리 같다." 고 비웃고 있는 실정이다. 국민으로서 대단히 부끄럽다.

국방도 외교도 경제도 교육도 망가진 현실 - 전교조, 민노총, 균형 잃어버린 언론노조 - 어떻게 균형을 바르게 잡을 것인가? 너무 높고 멀어 아득한 한숨을 또다시 청마 유치환 시로 달랜다.

파도야 어쩌란 말이냐 / 파도야 어쩌란 말이냐 / 임은 뭍같이 까닥 않는데 / 파도야 어쩌란 말이냐 / 날 어쩌란 말이냐 /

25. 태극기 훼손 행위는 역적질이다

2019년 10월 초, 희한한 시위대를 봤다. 정상적인 정신으로는 차마 볼 수 없는 광경이었다. 선두 시위대는 갈기갈기 조각난 태극기를 손에 들고 있었다. 태극 문양은 따로 떼어내 한 사람이 들었고, 건 · 곤 · 감 · 리 4괘는 각각 4개로 조각내서 네 사람이 각각 하나씩 들고 시위를 했다. 다섯 조각으로 분리된 태극기는 마치 사지(4괘)가 찢어지고 머리(태극 문양)가 잘린 사형수 시체처럼 보였다.

태극기는 대한민국 상징 으뜸 깃발이다. 무궁화 · 애국가와 같이 우리나라를 받쳐주는 삼각주다. 국경일 · 기념일 등 중요한 기념행사에 게양되는 국가 표증 깃발이다. 아무렇지도 않게 아무나 함부로 훼손하거나 조각, 디자인해서는 안 된다.

태극기는 1882년 고종 19년에 정식 국기로 제정됐다. 그 후 1942년에 문교부 태극기 심의위원회가 국가 통일 양식으로 재제정 공포했다.

태극은 주역의 철학적 논리에 따라 우주자연의 궁극적인 생성원리를 상징하는 뜻을 담았다. 적색은 존귀와 양(陽)을 의미하고 청색은 희망과 음(陰)을 나타낸다.

4괘(卦)는 天地日月, 四時四方을 의미하는 창조적인 우주관을 담고 있다. 기면(旗面)의 비(比)는 세로-2, 가로-3으로 하고, 깃대 끝에는 '무궁화 꽃봉오리' 문양을 새긴 꽃봉을 꽂도록 했다. 이러한 깊은 뜻과 역사를 지닌 태극기를 함부로 난도질을 하고 나온 행위는 바로 대한민국을 훼손한 이적질로 천벌을 받아야 마땅하다.

태극기 훼손 행위에 앞장선 사람은 누굴까?

서로가 옆 사람을 돌아보다가 한 분이 손바닥을 펴고 부채질을 하면서 "바로 이분이야!"라고 소리쳤다. 이심전심으로 손혜원을 입에 올리고 있었다. 더불어민주당 당명을 지은이의 아이디어로 결론짓고 있었다.

명문대 미술응용학과를 나온 학사 · 석사 출신으로 언론보도를 통해서 꽤 존재감이 돋보인 의원이다. 그분은 사려깊어야 할 처지에 놓여 있는 의원이다. 함부로 나댈 처지가 아니다. 때로는 자숙이 응원의 힘을 얻을 수도 있기 때문이다. 지나치면 오히려 손해를 본다는 일침의 사자성어는 과유불급이다.

응용미술은 공예미술이라고도 한다. 공예 · 장식 · 금공 · 목공 · 도공 등 광범위하다. 태극기를 쪼개 그리는 것은 응용미술 분야는 아니다. 그러나 평판 회화 태극기를 그린 것 자체를 묻지는 않겠다. 다만 태극기를 사지로 조각낸 천부당만부당한 국가의 명예 훼손 앞에 끓어오르는 분노를 참을 길이 없다.

응용미술의 대가 및 교수 - 현역 정치인 - 그토록 훌륭한 분이 자기 나라 태극기를 산산조각 내서 시위대의 손에 들려줄 수 있단 말인가. 골수에 사무친 질문을 토한다.

· 대한민국 국회의원 맞는가?
· 응용미술 대가 맞는가?
· 대한민국 국민 맞는가?

26. 이념의 진화와 과정

1) 기원전 3천 년경, 촌락의 씨족 부족이 모여 문명을 일으키며 도시국가를 열었다. 삶의 선의의 생존경쟁이 다툼으로 얼기설기 엮이며, 전쟁의 역사가 휘몰아치기도 했다.

한 사학자는 최근 3,000년 역사에서 국가끼리 오순도순 살았던 화평의 역사는 300년에 불과했고, 2,700년은 크고 작은 전쟁으로 점철된 역사라고 했다. 마치 역사는 적자생존의 유전자(이데올로기)가 끌고 가는 수레바퀴와 같은 느낌을 받는다.

2) 20세기 역사의 소용돌이 중심에 있었던, 제1,2차 세계대전은 제국주의 국가들의 큰 불질로 약소국을 식민지화한 후 종국에는 제자리로 돌려주고 돌아갔지만, 지금도 지구상에는 정치이념 갈등으로 여전히 소규모 국지전쟁은 그칠 줄 모르는 진행형이다. 이런 와중에 하룻강아지 애송이는 핵 몽둥이만 믿고 범 무서움(역사 응

징)을 모른 채 나대고 있다. 이런 환난 속에서 우리는 남남끼리 다른 깃발을 들고 끝없이 부르짖고 있는 험악한 시위 장면을 보면 가슴이 실로 답답하다 못해 터질 지경이다.

3) 우리 정치는 규범을 찾지 못하고 허우적거리고 있다. 굳게 믿었던 동맹국의 혈맹 띠는 느슨해지고 있으며 게다가 주변 국가들은 코웃음을 날리고 있는 실정이다. 이런 와중에 자랑스런 '대한민국 민주주의 공화국' 간판은 빨갱이 구둣발에 깨뜨려진 후 그들의 환호파티 모닥불에 넣어질 상황이 바로 코앞에 다가오고 있는 현실이다. 이런 현실을 느끼지 못하고 이웃 동네 불구경쯤으로 여기는 정치인이나 국민은 정상적인 사람들일까? 심히 개탄스럽다.

4) 지구상에 있는 국가 수는 2차 대전 후 소련과 유고 등 연방국이 해체되면서 자잘한 령 · 제도까지 합하면 228국으로 늘어났다. 소속별로 구분하면 유엔 가입국은 195개, 올림픽 참가 기준은 206개국이다. 이들 국가 중 현재까지 존재하는 사회주의(공산주의) 국가는 몇이나 될까?

5) 먼저 사회주의와 공산주의의 다른 점과 상호관계를 짚어본다. 통념으로 사회주의는 공산주의의 전신 이념 체제로 전 단계 공산주의라고 부르고 있고, 이런 사연으로 형제국가 또는 이웃사촌 관계라고 말하기도 한다. 사회주의는 공산주의의 낮은 단계라고 보면 된다. 사회주의의 출처는 『자본론』에 뿌리를 박고 있다. 마르크스는 『자본론』에서, 자본주의가 제 모순으로 자멸한 후 자연스럽게 나타난 게 '사회주의'이고, 이 사회주의가 무르익은 후 나타난 게 '공산주의'라고 했다. 영원불멸이란 가정은 '신' 말고는 없다. 그렇다면 공산주의 사멸 뒤에는 어떤 주의가 나타날까? 답은 이미 나와 있다. 자본주의가 답이다. 개개인의 부와 국부는 『국부론』에 담고 있기 때문이다.

6) 공산주의 교본의 모체인 『자본론』 의 정강(政綱)에는 모든 자산은 국가 소유가 원칙이고, 개인 소유는 배제되고, 인민은 능력대로 일하고 소득은 필요와 평등의 원칙대로 분배받는다고 못 박고 있다. 사회주의는 공산주의의 기본 골격에 따르고 사회 경제 수단이 사회 전체 구성원들의 평등한 이익을 위해 관리 규제되어야 한다는 개념을 담고 있다. 이 이론은 1867년 마르크스가 쓴 『자본론』 에 실린 중심 이론이다. 자본주의에서

는 자본이 개인 소유를 기본으로 하는 것에 반하여, 사회주의에서는 인간의 기본 욕구인 개인 소유를 부정하는 모순을 안고 있어 서로 충돌되는 부분이다. 『자본론』 은『국부론』 보다 91년 뒤에 나왔다. 따라서 『자본론』 의 학문적 이론은 『국부론』 에서 영향을 받았다는 게 학계의 일반론이다. 『국부론』 은 경제학의 최초 고전으로 인정받으면서, 아담 스미스는 경제학의 아버지로 불리고 있다.

『국부론』의 핵심을 짚어보면, 부의 원천은 노동력과 상품생산과정(방식)에 분업으로써 생산성 · 효율성 제고를 강조하고 있다. 또한 시장경제는 보이지 않는 손에 의해서 작동되어야 하고, 국가의 간섭(규제) 없는 자율적인 운영관리 시스템이 고익을 산출하여 국민(노동자)과 국부를 증진시킨다는 게 중심 이론이다.

7) 제2차 세계대전 후 독립된 식민지 국가들 대부분은 사회주의 · 공산주의 국가들이었다. 이들은 체험했던 공산주의를 버리고 사회주의적 공화국 간판으로 변경했다. 사회주의를 앞뒤에 두면서 민주주의 · 공화국 등의 이름을 혼합해 걸었다. 이렇게 빠져나간 사회주의 · 공화국가는 무려 73개 국가였고, 공산국가로 남은 공식 국가는 단 다섯 나라뿐이다. 그 5개국은 중국 · 베트

남 · 라오스 · 캄보디아 · 쿠바이다.

중국은 1949년 모택동 공산군이 장개석 국민군을 대만으로 몰아내고 중국 공산당 일당 사회주의 국가를 만들었다. 이에 영향을 받은 주변국 베트남, 라오스, 캄보디아도 따라서 공산국가가 됐다.

8) 북한과 소련은 사회주의 국가 통계에서 슬그머니 빠져나가면서 사회주의 국가 명단에서 사라졌다.

북한은 1972년 '조선민주주의 인민공화국'으로 분장한 후 공산주의 간판을 버리고 세계에서 유일하게 독특한 '주체사상' 깃발을 내걸고 과두제 일당 독재국가로 변신했다. 여우 꼬리는 감췄는지 모르지만 주둥이는 여전하다. 역사는 무심하지 않다. 언젠가는 응징의 무서움을 알게 될 것이다.

공산국가 앞잡이 소련은 2차 대전 후 '소련 소비에트 연방사회주의' 국기를 내리고 '러시아 연방민주공화국'으로 개명하고 슬그머니 공산국가 명단에서 빠져나갔다. 그렇지만 공산주의 유전자는 그대로일 것이다.

조지 오웰이 쓴 소설 『동물농장』에서 말해 주고 있다. 인민을 위한다는 평등과 공평사회는 사회주의의 깃발이지만 인민들에게는 한낱 춘몽에 불과한 동굴 속의 환상에 불가하다고 꾸짖고 있다.

9) 자유민주주의 공화정치는 인간의 자유 · 인권 · 복지를 중심 가치로 여긴 덕목이다. 이를 외면하고 평등 · 공정 · 정의 · 평화를 거짓 입에 물고 프로파간다(선동 선전) 전술로 국민을 농단하는 괴탄(怪誕)은 멈추고, 진솔한 마음으로 남남 화합하는 길만이 허물어지고 있는 대한민국을 되살리는 정도임을 간곡한 마음으로 떨어놓는다.

- 참고자료:Wikimedia Foundation.lnc

2019년

27. 고향 그리고 향수

1) 2017년 대한민국 제19대 대통령 취임사의 주인공은 문재인 당선자였다.

당선증을 받았을 때도 그러했겠지만, 5월 10일 연단에 올랐을 때도 대망(大望)을 거머쥔 벅찬 감회는 더욱 깊었을 것이다. 흥남의 이모(생모 주장도 있음)가 떠오르고, 아홉 살 때 손잡고 따라왔다는 아버지에 대한 뭉클한 회포도 떠올랐을 것이다. 그러나 그날의 여의도 광장에는 늘 마음에 그림자로 자리 잡고 있었던 두 분은 없었다. 한 분은 하늘나라에, 또 한 분은 흥남에 있었기 때문이다.

그날 광장 주위를 휘덮은 오월의 연둣빛은 청아했고, 수많은 축하객 인파가 발산하는 다정한 얼굴들도 정겹게 다가왔을 것이다. 그 분위기의 어느 한순간에 하늘나라의 부친과 함께 가슴속의 생모도 보고 싶었을 것이다. 어린 시절의 고향이 아롱거린 추억에 소슬한 부모 회상이 어찌 빠졌겠는가?

한 번도 경험해 보지 못한 나라(한경보나)를 만들겠다는 다짐에는 늘 그리운 고향 흥남과 그림자로 가슴에 남아 있는 친인척도 함께할 수 있는 길은 오직 남북통일의 길이 첩경이라 믿었을 것이다. 가슴과 머리에서 떠나지 않았던 '고려연방제'가 동굴 속 가느다란 불빛으로 비춰주고 있었다. 마치 마호메트가 히라산 동굴에서 천사 가브리엘의 계시를 듣고 알라신이 떠올랐을 때처럼, 나도 따라서 마호메트처럼 무릎을 탁 쳤다. '고려연방제'는 우리의 역사 기록에는 눈 씻고 찾아봐도 없다. 그러므로 '한 번도 경험해 보지 못한 나라'임은 틀림없다.

2) '고려연방제'는 '한경보나'에서 큐브 맞추듯이 찾아내었지만,

그 실체는 늑대 떼 잡기보다 만만치 않다. 사회주의 이념이 상극이고, 정치체제가 이념 이상으로 우리 몸에 맞지도 않고, 양쪽의 국민성과 인민성은 물과 기름처럼 융합이 매우 어렵다.

홍콩의 시위대가 사나운 것도 같은 원인이다. 고양이 앞에 버티는 쥐새끼의 처지임을 알면서 왜 그렇게 험악하게 엉켜 붙을까? 이유는 간단하다. 홍콩 시민은 잔잔한 호수(민물)에서 150여 년을 살았고, 본토인들은 넓은 바다(짠물)에서 오랫동안 살았다. 홍콩은 영국령에서 벗어나면서 갑자기 본토 짠물이 넘실거리며 흘러들었다. 민물고기(홍콩)는 짠물(일국양제) 속에서 숨을 쉴 수 없게 됐다. 홍콩은 본토 시진핑이 매머드인 줄 잘 알고 있다. 그러나 어쩔 수 없다. 희망도 힘도 없는 홍콩이 참으로 딱하다. 방법은 이민밖에 없다. 정을 주고받았던 영국마저도 나라 형편이 녹록지 않다.

한탄에 쌓인 절박한 홍콩 시민들에게도 유치환 시 '그리움'이 다가왔다.

/파도야(짠물) 어쩌란 말이냐/ 임은(시진핑) 뭍 같이
까닥하지 않는데/ 날 어쩌란 말이냐 /

우리 형편은 어떤가! 70년 동안 정치체제 · 습관 · 문화 · 사고방식을 다르게 살았다. 이산가족 상봉조차 거부한 민족은 이미 적일뿐이다. 유엔에 두 나라로 등록되면서 한족과 조선족으로 쪼개진 지 오래다. 강산도 일곱 번이나 변했다. 우리는 단 한 번도 북쪽을 괴롭힌 사건이 없다. 그럼에도 우리는 무려 수만 번이 넘게 당하면서도 찍소리조차 내지 못하고 코 박고 살았다.

북쪽에 바친 혈세도 천문학적이다. 정상회담뿐만 아니다. 정부요직을 비롯한 기업인들도 갖다 바쳤다. 그런 면전에서 "평양냉면이 목구멍으로 넘어갑니까?"라고 음식 앞에서 윽박지른 놈들, 그게 사람이고 같은 민족이란 말인가? 참담하

지 않을 수 없다. 왜! 안달하면서 내주고 뺨 맞는가? 할 말 못 하고 쩔쩔매니까 돌아온 쌍욕 중 쌍욕 - 소 대가리가 삶아진 소 대가리로 변질된 것- 아닌가. 이 현상이 우박을 예고한 먹구름인 것이다. '고려연방제'에 무심한 국민들! 그대로, 그대로 변치 않으면 홍콩처럼 이민밖에 없다.

3) 우리와 비슷한 처지에서 통일된 주변국 표정을 살펴본다.

동독과 서독은 전쟁 없이 통일했지만, 두 정부가 합의한 후 통일한 것이 아니다. 합의 이전에 동베를린 인민들이 스스로 옹벽을 무너뜨리고, 하루에 2천 명씩 서독으로 모여든 게 시발점이 됐다. 동베를린 인민들은 삶이 얼마나 고달팠으면 높다란 시멘트 옹벽을 무너뜨리고 탈출했을까? 그 용기는 서베를린 시민들과 비교된 삶의 질에서 폭발했다.

2차 대전 전승국으로서 동베를린을 선점한 영 · 프 · 소련이 통일에 동의했고, 미국까지 통일을 도왔다. 즉 두 나라를 네 나라가 흔쾌히 합의해 줬기 때문이다. 그렇게 통일된 독일도 여론조사에서 다소 온도차는 있다고 한다.

베트남의 통일은 남북전쟁 결과다. 우리 해병대까지 미국을 지원한 한미연합군과 북베트남군이 맞붙은 전쟁은 8년(1965~73)간 전투 끝에 미국의 요청으로 파리에서 양군이 평화협정을 체결했다. 미군이 약속대로 철수한 후, 곧바로 북이 남쪽을 공격 – 항복 받은 후 통일 – 베트남사회주의 국가가 됐다. 그 후 수많은 난민이 보트 피플로 탈출했다. 전쟁 중에 많은 사람이 죽어갔고, 통일 후에도 민간인 2만 7천 명 체포, 그중 의심자 2만 명이 처형됐다. 또한 100만 명~250만 명은 훈련소 입소 재교육을 받았고, 그중 16만 5천 명은 죽었다고 한다.

사회주의 남예멘과 민주주의 북예멘은 서기장과 대통령이 만나 합의하고 통일을 이뤘으나, 정치적 이유 즉 남예멘 정부가 통일 때 권력 분배에 불만을 내걸고 통일 타파를 선언했다. 그런 후에도 서로 통일을 시도하는 과정에서 남예멘 서기장 1명, 북예멘 대통령 2명이 암살을 당했다. 그런 과정에서도 통일과 타파를 세 번씩이나 거듭한 역사의 고통을 겪었다. 지금도 남북이 깨진 채 게릴라전은 계속되고 있는 실정이다. 우리 제주도를 삼다도에서 사다도로 만들어준 게 예멘난민이었다. 이념과 정치체제가 다른 동족끼리 통일이 얼마나 험악한 길인가를 보여주고 있는 역사의 교훈이다.

죄 없는 우리가 북쪽으로부터 받은 고통을 살펴보자.

70년 동안 북쪽이 저지른 사건은 항공기 납치 등 큰 사건은 2만 9천여 건이고, 그보다 작은 사건은 42만 5천여 건이다. 6.25때 유엔 16개국을 제외하고, 우리만의 사상자만 보더라도 189만 6천 명이다. 치가 떨리는 수치다. 지금껏 사과는커녕 반성조차도 없는 괴물들을 '같은 민족끼리'라고, '고려연방제'라고, 소가 웃을 일이다. 1, 2차 세계대전 이후 지구상에서 민족끼리의 외침은 이미 고전이 된 지 오래다. 그들은 주체사상을 내밀 때부터 철면피 괴물이 돼버렸다. 그런 괴물의 혈통인 애송이를 뭐라고? '예의 바르다'고, 이런 정신 잃어버린 자들하고 같이 숨 쉬고 있다는 게 참으로 치욕스럽다.

4) 우리가 고려연방제 된다면 어떤 모습일까?

김정은 구상은 1민족 1국가일 것이고, 문통은 그동안 변함이 없다면 1민족 2국가 체제다. 지금 기울어져 있는 저울대를 보면 애송이 쪽으로 결정될 게 뻔하다. 한반도 북쪽 하늘에는 불꽃이 쏟아지고 인공기 깃발이 환호할 것이다. 반면 남쪽에서는 통곡소리가 산천을 휩쓸 것이다. 그 와중에 늑대들은 뛰어나와 발호할 것이다. 먼저 두 거두 중 1명은 목숨을 잃을 것이다. 어느 쪽일까? 대답은 독자 몫이다.

예멘의 경우 통일 전후 3명의 거두가 암살로 죽었다. 우리의 경우 박헌영 · 김구 · 여운형 · 송진우 · 장덕수 등이 죽었다. 이쪽저쪽 인물들이 죽었다. 캄보디아도 킬링필드로 350만 명이 학살당했다. 베트남도 이미 열거했지만 수만 명이 죽었다. 괴물들은 이름값을 한다.

5) 남북의 현황은 어떤지 통계를 살펴본다.

2018년 12월 통계다.

북한 인구는 2,500만으로 우리의 5,100만 명의 절반 정도다. 국민총소득(GNI)은 북이 36조 원으로 우리 1,898조 원으로 우리가 52,9배 더 많다. 무역은 북이 2.4억 불, 우리 6,048억 불, 우리가 2,492배 더 많다.

1970년 초까지는 북이 우리보다 소득이 높았다. 그럴 때 인정머리 없이 우리에게 보내주던 전기를 느닷없이 끊어버렸다. 서울은 암흑세계가 됐다. 그토록 당당했던 그들이 왜 그렇게 거지꼴로 고달프게 살게 됐을까?

그 원인은 사회주의 체제에서 왔다. 개개인의 능력에 상관하지 않고 누구나 똑같이 일하고 똑같이 받는 제도, 즉 통제된 공동생산 · 공동분배(배급제)가 주원인이다. 자유스런 시장경쟁 체제에서 사회주의 체제는 근본적으로 도태될 수밖에 없다. 이처럼 학문적으로나 실제적인 사실의 존재 - 그리고 그러한 처지에 처해 있는 베네수엘라가 본보기다. 차베스는 쿠바의 카스트로와 이념이 잘 맞았다. 사회주의 이념대로 석유 · 철강 등 중요 기업을 국유화했다. 석유가 백 년을 두고 펑펑 솟을 것이라 믿었다. 인민을 위한 복지가 늘 우선이었다. 인민들은 환호했다.

정권도 오래도록 잡고 싶었다. 1998년 대통령 당선 후 2013년 암으로 사망할 때까지 15년간은 따 놓은 당상이었다. 언제나 압승이었다. 공짜복지가 그렇게 작동했다. 그러나 공짜복지는 타성을 불렀다. 인민들을 게으름뱅이로 만들었다. 그야말로 경제가 폭삭 망했다.

인민들은 체중이 평균 8kg씩 줄었으며 조국을 떠나는 인민의 수가 점차 불어났다. 겉은 이민이지만 실제는 난민이었다.

우리의 사정이 더 답답하다. 사회주의 연방제를 어이할 것인고 - 우리 국민들 - 나간 정신 제발 되돌리기를 간절하게 빌 뿐이다.

28. 대통령의 오만과 위선

며칠 지난 신문에서 낯익은 두 분의 사진을 봤다. 지금이 어느 때인데, 저렇게 한가롭게 여유를 부릴 수 있을까? 온 누리 국민들의 한탄 소리가 태산명동(泰山鳴動)이고, 질서를 잃어버린 나라의 사정은 백척간두에 놓여 있다. 그러함에도 오천만 국민의 국태민안(國泰民安)을 몸에 지닌 대통령으로서 눈앞에 쌓여 있는 국정이 태산인데 영화 감상이라니 어이없었다.

2020년 1월 19일 일요일 오전, 서울 중구 롯데시네마 상연은 장영실을 주제로 한 '천문' 영화였다. 관람석에는 눈에 익은 문 대통령 내외분 모습이 보였다. 신문에 보도된 천연색 사진은 엷은 미소를 띠고 있었다. 그 모습이 국민들의 가슴에 어떻게 느껴졌을까? 그 순간 나는 역겨움이 일었다. 지금 우리나라의 운전대는 심하게 흔들리고 있다. 외화 '타이타닉'처럼 – 캐나다 뉴펀들랜드 해안 빙산을 박고 난파된 유람선이 차가운 바다 밑으로 침몰하고 있는 속수무책인 그때의 화면 모습이 – 우리의 현실과 오버랩 되는 연상이었다. 대통령의 통치와 관련, 연상된 국정 태산을 타이틀로 간추린다.

울산시장 선거부정 사건 송철호(친구)

경남도지사 김경수 드루킹 댓글 사건

조국 가족 10여 건 사건

청와대를 비롯한 관계 기관들의 노골적인 방해가 일어나고 있으나 일정 조사가 마무리 단계여서 양쪽 다 이러지도 저러지도 못한 매머드 급으로 인정된 사건들이다. 그만큼 청와대가 가슴 조이는 것은 안타까우나 올바른 정치 틀 구축이 우선임을 뜻있는 국민들은 알고 있다.

법무부 인사 대란은 청와대 관련 사건을 검찰 조사 중인 검사 팀장급을 모조리 지방으로 산산이 발령한 사실을 놓고, 희대의 검사 인사 참사라고 언론지에 명토 박고 있다. 정의 실현을 위한 잘못된 법질서를 올곧게 잡는 검찰청에 부여된 권한으로 조사 중인 중대한 사건을 방해하려는 획책으로 인사권을 남용했다는 언론은 옳은 일침이라고 생각한다. 그 인사로도 불충분했는지 곧 이어 거의 전원에 해당하는 2차 인사를 단행했다. 초등학교 운동회 때 청군 홍군 가르듯 좌우 두 쪽으로 갈라 앉혔다. 앞으로 얼마나 더 갈라야 성이 찰지 모르겠다.

"차면 넘친다."는 속담은 대권자에게도 해당된다. 그 후유증은 큰 짐이 될 수도 있다.

청와대 비서관 중 비위사건과 관련된 인사들은 검찰청 출석 요구를 막무가내로 불출석하고 있는 행태는 법치국가에서는 있을 수 없는 수치이다. 또한 그들의 출석을 채근해야 할 바로 윗사람의 방관은 있을 수 없는 직무유기이고, 또한 공공의 적이다.

이보다 더 낯 뜨거움을 느낀 대통령의 언행을 듣고 내 마음은 매우 혼란스러웠다.

"이제는 곤혹을 치른 조국을 그만 내려놓아 주면 좋겠다." 조국이 누군가! 봉건시대 왕자라도 된단 말인가! 좌우를 막론하고 온 국민들을 오랫동안 곤혹에 빠뜨린 몬스터 아닌가? 몽둥이로 훈육시켜야 할 윗분이 국민을 어떻게 보고, 도덕도 정의도 없는 극악무도한 범죄인을 "그만 내려놓아 달라"고 한 말로 인해서 국가가 흔들리고, 온 국민이 춥고 더운 날 가리지 않고 울부짖는 나라사랑 애국심은 온 데 간 데 관심도 없고, 문통 가슴은 오로지 조국이고, 오로지 김정은뿐인가! 그렇게 생각이 단순해서 영화관이 쉼터인가!

대통령은 법치국가 민주공화국의 수장이다. 그 입에 조국을 담는 언행은 도저히 용납이 안 되는 수사다. 이 언급은 대통령이 청와대가 범죄의 소굴임을 온 천하에 커밍아웃한 것이나 다름없다. 우리 국민을 옛 식민지 노예 백성으로 착각했거나 아니라면 그보다 더 못한 멍청이 바보로 취급한 소치로 여겨진다.

정의의 여신 디케는 양손에 균형 잡힌 저울과 엄정한 검을 들고 있다. 균형 잡힌 저울은 대통령 몫일 수 있고, 엄정한 검은 검찰총장 몫일 수도 있다. 편을 가르는 난도질 인사는 균형 잡힌 인사라고 말할 수 없다. 청와대 관련 검찰수사는 편을 가르는 수사는 아니지 않는가! 어디까지나 법에 따라 검찰관이 수사 중인 그 팀을 해체시킨 인사는 언론의 보도처럼 인사 참사가 아니라고 말할 수는 없다.

지금까지는 어쩔 수 없겠지만, 정상적인 검찰수사가 제대로 마무리될 때까지 진행하여, 칼집에서 뽑은 엄정한 검이 올바르게 작동하여 무너지고 있는 국가 틀을 제대로 잡아야 할 책무가 대통령에게 있다고 본다. 기회를 잃으면, 우리의 장래도 없다.

29. 추락 중에도 날개는 자란다

가랑잎 하나가 떨어지면 겨울의 메신저가 되고, 겨울이 오면 따뜻한 봄날은 멀지 않다는 걸 깨닫게 해주고 그 봄날의 희망은 더 확장된다.

2020년 01월 09일자 조간 조선일보에 머리글로 역사적 기록물[史料]을 실었다.

'文정권 수사하던 윤석열 사단 대학살'

온 국민은 좌든 우든 할 것 없이 충격을 받았을 것이다. 01월 08일 저녁 7시, 대통령의 재가를 받은 검사장급을 비롯하여 32명의 인사발령을 알렸다. 추 장관 취임 6일 만에 단행한 것도 – 야밤에 인사발령문을 발표한 것도 – 형사법위반 범죄자들을 조사 중이던 검사장급을 비롯한 조사팀 전원을 싹쓸이 좌천시킨 것도 인사관행을 벗어난 것이었다. 물론 부처장관이 부임하면 새로운 분위기 쇄신 인사를 한다. 그러나 임명장이 마르기도 전에 후다닥 해치운 인사는 찾아보기 어렵다. 적어도 업무파악과 상황을 살피고 적합한 인재를 배치하는 게 일반이다.

'인사는 만사'라고 말한다. 그만큼 인사가 어렵다는 뜻이다. 누구나 선호했던 자리라도 자기 의사와 상반됐을 때는 수긍하기 어려울 수도 있다. 사람에 따라 온도의 차이가 있기 때문이다. 이처럼 어려운 인사를 취임 일주일 만에 두꺼비 파리 채듯이 후다닥 단행한 이유는 무엇일까? 검찰청 요직 중 요직들을 무더기로 한꺼번에 쳐냈다. 청와대와 각계 요로의 인물들이 연루되어 있는 형사범죄 용의자들을 올곧게 잡으려는 사명감으로 밤낮 가리지 않고 심혈을 쏟고 있는 팀을 느닷없이 손을 본 것이다.

이번 인사는 검찰청법에 따라 총장의 의견을 들어야 하는 절차마저 뭉개버리고 일방적으로 발표한 게 절차상 하자로 보인다. 설령 헌법과 형사법 아래 검찰청법의 적용을 제외하더라도 관습적인 측면에서도 국가기강을 바로잡는 조사를 중단시킬 만한 엄존한 사실이 있었는가는 의문이다. 이런 사례는 전체주의 북한의 좀비들이나 가능할 것이다.

추 장관은 의견을 들으려고 불렀으나 영을 어기고 오지 않았다고 했고, 윤 총장은 관행상 법무부에서 인사안을 보내오면 검토 후 의견을 제시하고 협의한다고 했다. 인사안을 보내주지 않으면서 인사협의회 소식을 전한 일정은 오전 9시에 보내주고, 30분 후인 9시 30분에 법무부청사에 나오라고 했으나 사실상 그 시간까지는 갈 수 없었다고 했다. 그 30분은 친한 친구들끼리의 데이팅 약속 시간쯤이다.

조선시대 삼사(三司)의 하나였던 사헌부(司憲府)는 현 검찰청 업무와 유사했다. 임금의 영도 신하들로부터 제한받았다고 한다. 현 검찰청은 법무부 소관이면서도 감찰청법에 따라 인사안에 총장의 의견을 장관이 듣도록 규정되어 있고, 총장 임기도 2년으로 제한하고 재임은 없다. 일반 행정업무는 통제받지만 검찰형 사업무는 간섭받지 않고, 직위 예우는 장관급과 같다. 이처럼 특별한 예우를 보장한 것은 그만큼 최고 권력자의 권한을 제한하고, 형벌 조사와 기소권을 총장에게 보장하기 위한 조치라고 볼 수 있다. 조선시대 사헌부에서도 임금의 영이 제한받은 사례와 같다.

해체된 검사장급 요직 검사들은 청와대가 관련된 울산시장 송철호 선거 부정사건, 조국 일가 비리사건, 유재수 부산부시장 비리 및 무마사건 등 문통을 비롯한 요직이 연루된 매머드 급으로 알려지고 있다.

어쨌든 윤 총장 휘하 부장검사급 검사들은 호랑이 등에 올라탔다가 맡은 사건의 종결 없이 지방으로 산산이 흩어졌다. 그들은 진정 억울하고 분통이 터졌으리라! 그간 온갖 죄인들의 적법 처리를 위해서 20~30년간 진력을 다 바쳤는데

보람은 온 데 간 데 없어지고, 처참한 몰골로 유배 가는 듯한 심사만 그득하고 가족들 앞에 서는 것조차 부끄럽고 황당하였을 걸로 여겨진다.

그토록 힘겨운 고시를 넘어 하늘의 별을 땄고, 보람된 나랏일에 헌신한다는 뿌듯한 자부심 하나가 가족과 더불어 행복이었는데, 유배 가듯 낙향한 기분이 휘몰아들었을 때는 참으로 가슴이 싸늘해졌으리라!

나라를 원망하랴! 윤 총장을 원망하랴! 문통을 원망하랴! 추 장관을 원망하랴! 다 부질없다.

정몽주의 선죽교 넋은 지금도 한반도 하늘을 떠돌고 있고, 안중근의 거룩한 걸기는 우국 국민들의 가슴에서 꿈틀거리고 있지 않은가!

한 번 검사는 민족의 영원한 검사의 표본이다.

검사들이여! 화가 치밀 때는 전화위복으로 다스리고, 허무함을 느낄 때는 새옹지마를 음미하면서 지내시구려. 먹구름은 찾아오는 따뜻한 봄날 태양이 떠오르면 자연스럽게 사라질 것이로다. 검사들의 영혼이 군건하기를 기원한다.

30. 역사교과서는 정사(正史)여야 한다

2020년 새 학기부터 배우는 고교생 역사교과서가 개학 전에 언론으로부터 매질을 당하고 있다. 살펴보니 그럴 만한 이유가 있었다.

'한국교육과학평가원'은 지난해 11월, 고교 교과서 8개 회사가 신청한 8종의 교과서를 검정 통과시켰다. 출판사는 해냄 · 씨마스 · 미래엔 · 동아 · 지학사 · 비상 · 금성 · 천재다. 이 출판사는 모두 좌편향이다. 유일한 우편향인 '교학사'는 과거 친일과 독재를 미화했고, 고 노무현 전 대통령을 비하하는 '합성사진'을 실수로 게재한 것이 문제가 돼 사과 후 교재 사업을 중단했다고 한다. 쌍방 간 다툼이 깊었을 것으로 짐작된다. 좌 8 : 우 1 언쟁마저도 침몰해 버린 것이다.

검정을 통과한 8종 교과서의 현대사 서술 중 잘못된 지적 부분을 조선일보(2019.12.16.)가 보도한 내용을 간추린다.

· 미군정과 달리 소련군정은 북한을 간접 통치한 것처럼

서술 - 8종 모두 같은 서술

· 유엔이 대한민국은 한반도 유일 합법정부로 승인했다는 사실 누락 - 8종 모두 누락

· 우리나라는 '정부 수립'으로, 북한은 '공화국(국가) 수립'으로 서술 - 6종은 서술, 2종(지학사 · 천재)은 제외

· 6.25도발 책임이 있는 김원봉을 비운의 독립운동가로 묘사 - 1종(미래엔)만 묘사

· 6.25전쟁 직전 38도선을 경계로 잦은 충돌이 일어났다는 점을 강조해 전쟁 원인이 남북한 모두에 있는 것처럼 서술 - 8종 모두 서술

· 전후 복구를 남한은 미국에 의존하고, 북한은 자발적으로 해결한 것처럼 서술 - 8종 모두 서술

· 경제성장 과정에서 노동자 탄압 등 부정적 측면 집중 서술 - 8종 모두 서술

· 북한의 천안함 폭침 사건 누락 - 2종은 '사건'으로, 1종은 '침몰'로, 2종은 '피격'으로 서술하고, 3종은 누락함

· 북한 연평도 포격 사건 누락 - 7종 누락, 1종 지학사만 서술

· 김대중 · 노무현 · 문재인 정부에 우호적, 이명박 · 박근혜 정부에는 부정적 서술 - 8종 모두 같음

· 북한 김정은 정권은 우호적으로 서술 - 8종 모두 같음

역사 등재사료는 30년이 경과한 사료가 원칙이다. 이를 간과하고 현 문재인 정부 사료를 등재한 것은 역사의 편중성이 드러난 것이다.

해방 전후 초근목피(草根木皮)로 연명하던 나라에서 유엔 가입국 195국 중 세계 10위권에 올려놓은 경제발전과 국위를 선양한 과정은 축소 서술하고, 촛불시위와 민주화는 크게 돋보이게 서술한 양상은 좌편향 이념에 매몰된 역사 왜곡으로 비춰져 섬뜩하기조차 했다.

우리가 배운 독립 정사는 "유엔의 동의하에 이뤄진 한반도가 유일한 합법 정부"라고 했다. 그럼에도 이번 검정교과서는 "선거가 가능했던 한반도 내에서 유일한 합법 정부"라고 비틀어 서술했다. 한반도 전체가 아니라 대한민국을 38선 이남에서 수립된 유일한 합법 정부로 축소 서술한 셈이다.

문명국가 대한민국에서 가르치는 역사교사로 역사학자(교수)로 대우받는 지성인이 자국의 역사를 사랑방 이야기하듯 서술한 것이다. 강규형 명지대 교수는 1948년 당시 국제사회의 공인 아래 세운 합법 정부는 대한민국이 유일하다고 주장했다.

자유민주주의 공화정의 문명국가로서 국민 정서와는 달

리 이념에 편중된 고교 교과서는 정사(正史)라고 볼 수 없다. 교과서 사료(史料)는 엄정하게 검증된 사료만을 서술하여야 하기 때문이다. 사랑방 이야기식 책은 야사(野史)일 뿐이다.

새로 펴낸 역사교과서는 후손의 영혼을 정사로 영글게 하는 양양한 민족정신의 배양에 두어야 한다. 그러함으로써 민족혼이 깃든 정사 편찬은 경륜과 사려 깊은 진수 역사학자들의 몫이어야 하는 이유가 여기에 있다.

전국 1,642개 초중고 사립학교 모임인 '한국사립초중고등학교법인협의회'는 집필기준이 편중된 8종 교과서를 재정비하여 균형 잡힌 교과서를 발간해 줄 것을 촉구하고 나섰다. 새 검정교과서가 나오기 전에도 전국 17개 시도교육청 중 11곳에서 이미 좌편향 교과서를 사용하고 있었고, 경기도교육청의 경우는 그 산하 중고 68%가 이미 사용 중이라고 했다. 한 나라 한 교육부 소관 학교에서 이념이 다른 교과서가 때와 장소에 다르게 시행되고 있었다는 사실은 실로 의아스럽다.

민간단체인 '국사교과서연구소'는 편향 서술된 부분의 교정을 요구했고, 삭제될 때까지 교과서 배포를 금지하는 가처분 신청을 서울행정법원에 냈다고 말했다. 한편 '전국학

부모단체연합'은 6일 세종문화회관 앞에서 "신학기 교과서 불태우는 집회를 열겠다."고 밝혔다. 또한 정권 홍보 책자를 교과서로 인정할 수 없어 채택을 거부한다고 덧붙였다.

민주국가에서 다양성은 인정되는 문화이다. 그러나 그 다양성에서 배제되는 부분은 있다. 자라나는 학생들의 맑은 두뇌에 기생충 바이러스가 침입하여, 이념이 거미줄을 치고 이끼도 잔뜩 끼면 정사를 벗어난 이념 역사가 해면(갯섬)처럼 흡인력이 좋은 청소년의 뇌에 쉽게 정주(定住)할 것이다. 그게 굳어지면 친구들끼리도 이념의 산맥이 둘로 갈리고, 갈등의 협곡은 깊어질 것이다. 이러한 원인은 왜곡된 역사의 패악에서 연유되지 않는다고 말하는 자는 정신병자에 속한다고 해도 과언은 아니다.

정언(正言)에 거짓이 섞이면 사술(詐術)이 되고 정사(正史)에 거짓이 끼어들면 야사(野史)일 뿐이다. 사회주의 이념에 갇힌 교사와 교수가 쓴 역사교과서 서술은 편향된 사관에 묻힐 수밖에 없는 것은 불문가지다. 따라서 야사는 교과서 자격 미달이다. 역사교과서는 엄정하게 검증된 사료만이 정사의 뿌리임을 강조하고 싶다.

제4부

한 송이 흰 백합화

31. 문명국가에서 원자력은 진정 죽어줘야 할 괴물인가?

『한국형 원전, 후쿠시마는 없다』는 책이 나왔다. 책을 쓴 이병령(73) 박사는 '한국형 원전'의 아버지이고 카이스트 대학원 원자력 공학박사이다.

조선일보 최보식 선임기자가 회견에서 책 쓴 동기를 물었다. "없는 능력으로 죽을 둥 살 둥 '한국형 원전'을 만들었는데, 하나도 안 도와준 사람들이 정권 잡았다고 마음대로 해서 너무 분했고 서러워서 목 놓아 울었다."고 털어놓았다.

원전의 터전도 없는 황량한 벌판에서 의지만으로 숱한 어려움을 헤치고 원전의 싹을 키웠을 것이다. 그렇게 10년 세월을 정시 퇴근도 휴가도 없이 오로지 원전만을 꿈꾸며 분투했던 고뇌도 묻어났을 것이고, 그 결실이 영글어진 2009년 말, 원전기술의 첨단 미국을 제치고 우리가 아랍에미리트(UAE)에 원전4기 수출을 성공한 것이다. 그때 감격으로 한반도가 들썩거렸다. 무에서 유를 창출한 역사적 빅 이벤트가 세계 원전의 원조 미국을 단숨에 뛰어넘어 원전의 으뜸자리를 꿰찬 감회는 실로 컸다. 그러나 뜨겁던 가슴은 오래가지 못했다.

최보식 기자가 묻고 이병령 박사가 답변한 내용을 간추려 옮긴다.

문재인 대통령(이하 문통)은 2017년 취임 한 달 후 '탈원전 정책'을 터트렸다. 우리의 원전을 파기하겠다는 성명이었다. 기가 막혔다. 무심한 하늘도 빨갛게 물들었다. 어떻게 만든 원전인데 피와 땀 눈물로 만든 우리의 보배인 기간산업을 이렇게 쉽게 작살을 내다니! 다 키운 자식을 잃어버린 부모가 되어 눈물을 쏟았다.

도대체 문통은 우리 손으로 쏘아올린 위성에서 보내준 남북 사진도 보지 못한 것인가! 그 사진은 남북을 갈라 깜깜한 북쪽과 대낮처럼 환한 남쪽을 대비한 밤 사진이 마치 지옥과 극락처럼 대조해서 보여주는 한반도 광경이었다.

문통은 탈원전 연설에서 "후쿠시마 원전 사고로 총 1천368명이 사망했다. 방사성 사망자나 암환자 발생 수는 파악조차 불가능한 상황이다."라고 했다.

이는 거짓 뉴스였다. 사망자는 해수 범람과 사고 후 5년간의 피난 생활로 인한 스트레스와 질병 때문이다. 2018년 유엔 산하 방사능 영향 과학조사위원회와 일본 정부에 따르면 방사선 피폭 사망자는 딱 1명뿐이었다. 또한 문통은 설계 수명이 다한 월성1호기를 가동해 온 것은 선박운항 선령을 연장한 세월호와 같다고도 했다.

월성1호기는 이미 7,000억 원을 들여 핵심 부품과 설비를 다 교체한 후 10년 연장 심사를 통과한 싱싱한 원전이었다. 그럼에도 문통의 한 마디에 한수원 이사회는 월성1호기 조기 폐쇄를 결정해 버렸다. 문통의 한 마디로 7,000억 원 리모델링 비용을 들인 월성1호기를 원전 전문가 참여 없이 비전문가 5인 위원만으로 짧은 시간에 결정해 버린 것이다. 전문 장의사 없이 고려장을 치른 셈이다.

문통은 나라의 수장이다. 그렇다고 원전 전문가는 아니다. 독학하다시피 공부하고 한국 원전을 지은 전문 원전 기술자 의견을 들어보는 것쯤은 기본 통치 개념에 담겨 있어야 하는 것 아닌가? 어떻게 쌓아올린 금자탑인데 똘마니의 소꿉질처럼 작살을 냈을까!

교통사고로 침몰한 세월호는 천막 속에서 단식 동고하고 대화하던 모습은 어디에 두고, 국민의 살림살이 필수 에너지의 대명사인 원전은 그렇게 쉽게 버릴 수 있었을까? 알게 된 국민인 나도 화가 치밀고 섧기도 했다.

우리의 원전은 전두환 때 원전3 · 4호기를 지었고, 김대중 때 신고리 1 · 2호기와 신월성 1 · 2호기를 지었다. 노무현 때는 신고리 3 · 4호기와 신울린 1 · 2호기를 건설했다. 모두 10기를 지었다. 우리의 원전은 세계에서 네 번째 가는 나라가 됐다.

원전의 근본 안전은 노형(爐型)에 있다. 비등수(沸騰水)형과 가압수(加壓水)형 등 두 형이다. 비등수형은 핵연료로 데워진 물로 수증기를 만들어 그 에너지로 발전시키는 노형이고, 가압수형은 깨끗한 물이 열 교환기를 거친 수증기가 발전을 일으키는 노형이다. 가압수형은 이 박사가 직접 설계한 자랑스런 우리의 기술이다.

원전 사고는 방사선 유출로 인한 인명과 대형 재난을 연상하게 된다. 우리의 '가압수형 원전'의 안전성은 다이아몬드처럼 완전무결함을 장담할 수 있다. 고리1호기 가동은 1978년부터 2017년까지 사망자는 1명도 없다. 이 기간 동안 자동차 사고 사망자는 30만 명이다. 원전 비율이 낮아지면서 석탄 소비가 늘자 2017년 한 해에 석탄 작업 중 사망자는 417명이나 됐다.

1957년부터 지금까지 가압수형이 가동돼 왔는데, 실제 사고는 미국의 스리마일 원전 사고가 유일하다. 원인은 수증기 압력을 줄이는 밸브 고장이었는데, 서투른 직원의 오작동 실수가 원인이었다. 그러나 사망자도 방사선 피폭자도 암 발생 환자도 단 1명도 없었다. 다만 경제적 피해는 있었다고 한다.

후쿠시마 원전 사고는 지진도 쓰나미도 아니었다. 과열된 핵연료가 내부 폭발로 방어벽이 뚫린 것이다. 쓰나미나 지진이 방어벽을 뚫은 게 아니다. 당시 쓰나미는 10m 높이의 방호벽을 넘어서 원전을 강타했다. 원전에서는 이런 비상 상황에 대비 발전기 6대를 지하에 비치해 두고 있었다. 하필 그날따라 차량 기사가 멀리 있었고 지진과 쓰나미가 이들의 길을 막았다. 이게 사고의 원인이다. 그러나 원초적 원인은 이 원전이 비등수형이란 게 탈이었다. 우리의 가압수형이었다면, 더한 지진도 쓰나미도 절대로 사고치지 않았다. 왜냐하면 가압수형의 노형은 어떠한 사고라 할지라도 과열된 핵연료는 이 노형을 뚫을 수 없기에 그렇다.

이병령 박사는 장시간 동안 숨차게 달려온 호흡을 고른 후, 회언(悔言)의 한 마디를 남겼다.

"문통을 한 번도 만나지 못한 게 크게 아쉽다."고 깊은 한숨을 내쉬었다. 『한국형 원전, 후쿠시마는 없다』 책이 진즉 출간되어 문통에게 일독을 권하지 못한 게 한으로 남는다고도 했다.

후쿠시마에 한국형(가압수형) 원전이 있었으면 누출 사고는 절대적으로 발생하지 않았다는 게 저자 책의 중심요지이기 때문이다. 이병령 박사의 애절한 한숨소리가 누굴 쫓아 멀리멀리 달려가고 있었다.

32. 정의가 파탄된 나라 - 국민은 구경꾼인가?

21대 국회의원 총선이 코앞에 다가왔다. 지난해 중순부터 서울을 비롯해 점차 각지에서 군중집회가 뜨거웠다. 그 불씨는 여의도 국회였다.

민주당 심장부에는 공수처 · 선거법 · 2020 예산안 등 3대 프로젝트가 버티고 있었다. 이는 당의 명운이 걸린 명제였다. 시간도 다급했고 버거운 정적인 자한당은 어긋난 톱니바퀴였다. 주변 환경은 먹구름이 휘두르고 있었다. 시간은 촉박한데 민주당만으로는 삼두마차를 끌 인부가 부족한 실정이다. 그러나 그들에게는 믿는 궁통(궁하면 통함)이 있었다.

초조한 좌불안석에서도 무릎을 탁 치고 일어선 세 사나이 - 이인영 · 이해찬 · 문희상 - 들은 백전노장의 3대 거장들이다. 이분들에게는 다양한 꼼수들이 꾀주머니에 꽉 차 있었다. 삼두마차에 3대 과제를 끌어올려 훨훨 통과시킬 묘책은 '4+1' 방정식이었다.

민주당에서 잔챙이 정당(4+1)에게 모이(연동형 비례대표

제)를 뿌렸다. 배고프고 목마른 그들은 식수인지 오염수인지 따지지도 않고 벌꺽벌꺽 마셨다.

삼두마차에 실린 3대 과제는 짖는 개새끼 한 마리 없이 자기네들끼리 희희낙락 통과시켰다.

이때 입법부 수장 문희상은 위법한 사보임(법사위원회 의원의 사임 · 보임)이 불법임을 알면서도, 뻔뻔스럽게 낯 뜨거운 짓을 했다.

1백여 명의 제1야당(자한당)은 낯짝이 부끄러웠는지 그 현장에 그림자도 없었다. 국록은 임무 이탈 행위자에게까지 몫이 보장된다는 법규는 없다.

쫄쫄이 야당들이 여당이 쳐놓은 '4+1' 묘법에 코 꿰어 들어간 대가로 국회의 입성 요건을 달성했거나 가능성이 두꺼워졌는지는 모르지만, 국민으로부터 부여받은 품계를 훼손한 행위는 올바른 양심에는 남을 것으로 본다.

이처럼 묘법에 휘말려 속수무책인 자한당도 제1야당의 몫을 다하지 못한 무책에는 유감이다. 불법은 정의로운 법이 아니라 무법으로 싸워야 하는 게 전통 야당이기 때문이다. 늑대 떼 앞에 순한 양 떼는 숫자와 관계없이 먹힐 수밖에 없다. 순한 양은 늑대를 이길 수 없기 때문이다.

우리나라 정치사에서 늑대들의 이전투구(泥田鬪狗)는 사

료(史料)의 중심에 박혀 있다.

청와대를 불법의 소굴로 만든 수장도 입법 국회의 성스런 의사봉을 시궁창에 버무린 입법부 수장도 지엄한 명예를 인생 끝자락에서 시궁창에 풍덩 빠뜨린 꼴이다. 이는 제1야당과 국민까지도 다 함께 똑똑하지 못한 꼴에서 나왔다.

사법부 수장도 귓전에 맴도는 국민 여론을 듣고 있는지 잘은 모른다. 그러나 듣고 있다면, 사법부 판사들의 기울어진 면목들을 바로 회복하여야 할 당위성은 대법원장의 몫이라고 생각한다.

수장의 지고한 자리는 어느 한쪽이 아니라 국민 모두에게 존경받아야 할 지엄한 자리다. 올바른 법은 나라의 대들보가 기울어지면, 균형추(錐)의 작동을 도모해야 한다.

한 나라에 존재하는 국민은 다른 개성을 지닌다. 선인도 악인도 섞여 산다. 법은 만인 앞에 공정해야 국민을 다스릴 수 있다. 그게 깨지면 국민의 총화도 따라 깨진다.

국민들에게 분통을 안겨준 사례를 든다.

청와대 고위층이 관련된 선거부정 사건으로 기소된 지 몇 개월이 지났지만 그대로 무한정 방치하고, 반면에 기독교 한총 회장은 손 빠르게 구속한 사건은 사법부의 균형추가 기울어졌다고 볼 수밖에 없다. 이분의 구속은 대비조차 안 되는 편향된 형법 집행이라고 보인다. 국민들이 사법부 수장을 백안시하는 것도 기울어진 균형추에 있다.

사법부 상징으로 부조돼 있는 정의의 여신 ‘디케’ 부조상을 떼어내거나 그게 어렵다면 사과문(반성문)이라도 내걸어야 할 것이다.

33. 나라가 온전해야 국민도 온전하게 된다

엉망진창이 된 나라가 사면초가에 놓였다. 우한코로나 바이러스 떼가 공포심을 뿌린 형국이다. 그렇다고 그 모두가 코로나 때문만은 아니다. 코로나는 원인의 하나일 뿐이다. 근본은 즉흥 조치를 취하지 않는 나라의 통수권자의 책임이 크다.

전염병의 생리도 전쟁과 유사해서 기선을 먼저 잡는 게 요건이다. 발원지 · 출병지의 봉쇄가 시급을 다투는 게 병법(病法)과 병법(兵法)의 기본이다. 청와대는 전자를 실기했다.

발원지인 우한의 나라 중국인의 금지 조치가 화급한 선행임은 누구나 안다. 질병 치료는 전문가 조직인 질병본부에 맡기고, 그 외 지원물자 등 기타는 조속히 지원하면 된다. 그런데 거꾸로 갔다.

한국의 대통령 문재인은 유별난 사람이다. 중국에 부리나케 뛰어가서 하고 싶은 말을 했다. “중국의 아픔이 우리의 아픔”이라고 했다. 이웃 국가로서 할 수 있는 의례적인 외교사일 수 있다. 그러나 너무 나가고 있었다. “한국의 인민과 중국의 인민은 운명 공동체”라고 언급했다. 필자는 황당했다.

우리가 어떻게 같은 인민의 공동체인가? 우리는 형제국가도 아니고 동맹국가도 아니고 같은 민족국가도 아니고 정치체제마저 다르지 않는가!

국민은 엎친 데 덮친 꼴이다. 우리의 국민과 중국의 인민을 똑같이 섞어서 부르면 자존심이 언짢아진다.

실의에 빠져 있는 자국 국민은 차치하고 마스크 300만 장과 돈까지 내주고 빈손으로 돌아온 문 대통령, 도대체 어느 나라 대통령인가! 서둘러야 할 국내 의료조치는 챙기지 않고 중국 먼저 서둘러 쫓아간 처사는 마땅치 않다.

문통은 국태민안의 책임을 슬기롭게 수행하는 모습을 보여주기는커녕 오로지 자기편의 이념 확장에 몰두하여 청와대를 비롯하여 삼부(三府)는 물론 언론까지 선호 인사로 배치했다. 직위에 맞는 전문성, 수행능력, 통솔력, 도덕성은 관심도 없었다. 국회 청문회에서 꼬집어 들춰봤자 헛물만 켰다. 관계없이 임명해 버렸다. 독재국가의 전형이었다.

조국 민정수석의 인물 추천이 능력 부족인지 임명권자의 아집인지는 국민이 잘 알고 있다. 하나둘도 아니고 10여 개가 너덜너덜 까발려진 범죄 행위가 오히려 훈장으로 둔갑하여 국민의 아우성이 메아리 여론으로 떠돌았어도 아랑곳없이 하필이면 일국의 법무장관에 임명한 것은 임명권자의 독특한 고집에서 풍긴 국격의 훼손 인사로 오랫동안 기억될 것이다. 국민의 대다수가 범죄인으로 의심하는 자를 법무장관에 임명한 처사는 아이러니하다기보다는 경천동지(驚天動地)할 등급이다.

나라의 대들보는 청와대의 수장이다. 그 대들보를 받쳐주는 기둥은 비서관들이다. 그들이 지키는 곳이 정치 알파 청와대다. 청와대의 원주인은 국민이다. 국민은 마음에 드는 분을 뽑아 임대 기간 5년 계약 - 임차인은 대통령이고 임대인은 국민이다. 계약서는 헌법 속에 녹아 있다.

주권(사용권)을 위임받은 수장(首長) 권한도 크지만 책임 또한 크다. 수장은 '하늘의 별'이라는 고시를 땄다. 법률가로서 손색이 없다. 그러나 준법정신과는 따로 놀았다고 본다. 법은 아는 가치도 중요하지만 지키는 가치 또한 소중하다. 본인은 동의하기 어렵겠지만 국민들은 수장의 국민 예우에 불만이 있는 것도 사실이다. 국민의 요구에 아무런 관심이 없다는 것이다. 의당 국민들이 알고 싶어 하는 일에 대한 해명 등 브리핑에 소홀하다는 불만이 높은 것도 사실이다. 사례를 든다.

가족들에 대한 가십 · 탈원전 · 4대강 해체 · 소주성 · 52시간제 최저임금제 · 중국 3불 · 사드배치에 무관심 · 미국의 MD체제 · 한미일군사동맹 등 국민의 최대 관심사인 시사문제에 수장이 입을 닫아버리거나 소홀한 느낌이 들지 않도록 해야 할 것이다.

오랜 침묵으로 일관하고 있는 현안 문제를 더듬어본다.

제19대 대선의 드루킹 댓글 중심에 서 있는 김경수는 일심에서 2년 징역형을 선고받고 복역 중, 가석방 상태로 경남 도백 자리에 복귀 근무 중임에도 재심을 연기하는 등 해괴한 이변 탈로(脫路)를 하고 있는 중이다.

'송철호 울산시장 당선 부정선거사건'에 연루된 비서관 등 13명이 입건된 사건 중심에는 수장이 연루된 기미가 수두룩하다. 그러함에도 당사자는 일언반구도 없다. 또한 13명 중 구속자는 1명도 없다. 이 기막힌 현실은 법치주의 국가의 국격에 침을 뱉는 짓이다.

뿐만 아니라 국민의 드높고 뜨거운 함성에 밀려 물러난 조국이 안쓰럽게 느껴졌는지는 몰라도 '마음에 빚을 진 조국을 그만 내려놓아 달라'고 애원한 것은 마치 철면피 깡패두목이나 하는 짓거리다. 실로 법률가로서 수장으로서 자격을 의심하게 한다. 수장을 떠나 법조인 측면에서만 본다고 해도 함량이 미달이라고 개탄할 수밖에 없다. 역대 대통령 가운데 온 국민이 다 알고 있는 범죄인을 묵살하고 면죄하라는 망언은 온 국민을 졸로 보는 것과 다르지 않다.

34. 학생 모의선거 교육은 꼭 필요한가?

2020년 04월 15일 21대 총선거 투표권자는 선거법 개정으로 18세로 낮췄다. 제1야당이 기 쓰고 반대했지만, 돌격 민주당과 그 추동 잔당(4+1)이 한통속이 되어 선거법을 거침없이 통과시켰다.

제1야당은 그 트럭(4+1)에서 외면당하고 추락하면서 비참한 처지가 됐다. 국회 의회 사상 제1야당을 우스꽝스럽게 몰아낸 폭거는 오랫동안 기억될 것이다.

선거법이 개정되자 기다렸다는 듯이 서울시교육청을 선발로 경남교육청, 인천교육청에서도 학생들에게 모의선거 교육을 하겠다며 중앙선거관리위원회에 유권해석을 물었다. 이에 선관위는 선거법에 위반되므로 안 된다고 답변했다. 뒤따라 좌파성향의 민간교육단체인 '징검다리교육공동체'가 나섰다. "민간이 주도한 모의선거 교육은 가능한가?" 라고 되돌려 물었다.

선관위는 교육청, 학교, 교원의 개입 없이 민간단체가 자체적으로 모의선거 교육은 선거법 위반이 아닌 것으로 판단된다고 받아들였다. 이를 내면으로 추측해 보면, 교육청에는 이념으로 기울어진 전교조와 좌파성향의 교육감을 염두에 둔 듯한 느낌이 들었다. 한편으로는 교육의 본실인 교육청, 학교, 교원의 신뢰성이 민간단체보다 밀리고 있다는 현실이 입안에서 땡감 맛으로 확 퍼졌다.

모의선거 목적은 올바른 선거를 도모하기 위한 의도일 것이다. 지금까지 선거에서 투표 요령 몰라 문제점이 있었다는 기억은 없다. 복지관에서 한글을 깨우친 노인들도 쩍말없이 쉽게 투표를 한다. 18세 청소년을 너무 애송이로 보는 것도 인지부조화일 수 있다.

선관위는 선거전단지를 투표권자에게 배포한다. 투표장소 · 요령 · 이름 · 정당 · 프로필 등 이보다 더한 모의선거 교육 자료가 필요할까?

'4+1'을 만든 이유는 뭘까? 뭔가 처방전이 있었을 것이다. 젊은이들에게 진보는 친근감이 드는 명사이다. 진보와 보수 깃발을 이쪽저쪽 꽂아놓고 선호 쪽으로 갈라서라면 진보 쪽으로 고물고물하게 모일 것이다. 선거교육의 이유도 꿀단지 찾는 몫에 있을 것이다.

이념은 순수이성에서 얻어진 후천성 개념이다. 태어날 때부터 진보 · 보수는 없다. 이념은 누군가 띄운 동기부여에서

싹튼다. 청소년의 뇌는 순수하다. 명철한 정신세계가 미확립된 처지다. 주변의 스치는 바람에도 흔들리는 인성을 지닌 게 이념이다. 여당은 제1야당의 반대에도 기필코 18세로 낮추었듯이 선거교육 또한 강행할 것으로 추측된다. 그들의 DNA는 금광석이기 때문이다. 행여나 염불(선거교육)보다 잿밥(이념확산)에 몰두한 게 아닌가 하는 의구심이 드는 것은 아둔한 내 생각 때문만이 아니라는 사실을 다음과 같은 사례가 일러주고 있다.

한교총 관계자가 밝힌 사실이다. 2018년 '징검다리교육공동체'가 주관한 모의선거 교육에 참가한 중고생 264명을 대상으로 설문조사를 한 결과, 강의교사가 "특정 후보를 지지하는 발언을 했다는 응답이 12%나 나왔다는 정도로 정치적 편향성이 심각하게 나타났다."고 말했다. 또한 이 단체는 서울시교육청으로부터 '초중고 대상 모의선거 교육용 자료' 제작과 '교육연수'를 위탁받은 단체이기도 하다. 이 단체의 곽노현 이사장은 선거법 위반 혐의로 징역형을 선고 받고, 서울시교육감에서 물러난 사실이 있어 더더욱 부적절하다는 논란이 있는 실정이다.

적반하장! 지금 몽둥이는 어느 쪽이 쥐고 있는가! 국민 한쪽은 알고 있다.

35. 말씀 그리고 인품

2017년 05월 10일 제19대 문재인 대통령 취임식 청중들은 취임사를 들으면서 뜨거워진 가슴을 어쩌지 못했다. 대통령의 취임사에 흠뻑 젖어 감동의 도가니에 빠진 것이다. 그날 여의도 광장 주변 녹음방초도 한결 푸르렀다. '한 번도 가보지 못한 나라'가 열리는 꿈이 청중 눈가에 아롱거렸다.

"오늘부터 저는 지지여부를 떠나 모든 국민을 낮은 자세로 섬기겠습니다. 국민과 소통하고 주요 사안은 직접 언론에 브리핑하겠습니다. 국민에게 청와대를 돌려주고 광화문 정부청사로 자리를 옮기겠습니다. 그 광장에서 대토론회도 열겠습니다. 보수와 진보 갈등 끝내야 합니다. 야당은 국정 운영의 동반자입니다."

문 대통령의 취임사는 청중의 가슴을 울렸다. 참으로 차가웠던 양쪽 가슴을 어루만져주는 따뜻한 언어는 살가웠다. 역대 대통령 중에 이토록 국민의 가슴을 파고드는 정겨운 언어는 찾기 어렵다. 내 짧은 식견인지는 모르겠다. 어쨌든 가장 서민적이고 친절하고 솔직하고 겸손한 자세는 국민들의 가슴에 모내기를 하듯 꼭꼭 심어 주었다. 이러하건대, 어떻게 감동 없이 헛 박수를 칠 수 있겠는가! 온몸으로 장엄한 박수를 쳤을 것이다.

취임사는 이어진다.

"공정한 나라답게 깨끗한 공직자를 임명하겠습니다. 위장전입 · 논문표절 · 명령면탈 · 부동산투기 · 세금포탈 등 5대 비리가 있는 자는 제가 민정수석 때처럼 깐깐하게 조사하여 공직에서 배제하겠습니다. 깨끗해서 자랑스런 대통령, 믿음직하고 따뜻해서 친구 같은 대통령, 국민 모두의 대통령이 되겠습니다."

취임 당시로 돌아가면 취임사는 참으로 순수하고 진솔한 속마음에서 울려나오는 다이아몬드 같은 영롱한 목소리 그 자체였다. 가슴을 훨훨 열어놓은 취임사를 듣고 박수 치지 않는 사람이 있었다면 청각장애인이나 정신이상자였을 것이다.

그날의 취임사를 들은 온 국민은 금과옥조로 굳게 지켜줄 것으로 믿었다. 그러나 적폐청산 시작부터 잡음이 끼어들었고 반환점을 넘으면서 시끄러워졌다. 믿었던 취임사의 일탈이 국민 눈에 눈물지게 했다. 환상은 쉽게 깨졌다. 돌아보면 구두선 – 모두가 거짓말이었다.

총체적으로 '무엇을 잘못했다'고 말하기보다는 '잘한 게 무엇인가'를 거꾸로 묻고 싶다.

경제인가, 국방인가, 외교인가, 남남화목인가, 평등, 소득성장인가, 한미일동맹인가, 기간산업확장인가, 탈원전인가, 정치문화쇄신인가, 삼권분립은 정립됐는가, 평화수치는 높였는가, 북한인권은 나아졌는가, 고위직 범죄인 처벌은 공정해졌는가, 청년일자리는 나아졌는가, 교육제도는 안정됐는가, 역사교과서는 바로잡았는가, 소주성(소득주도성장)은 경제학계에서 인정받았는가, 자영업체는 나아졌는가, 9.19남북공동성명서는 지켜지고 있는가, 일본의 적대국 처리는 잘되고 있는가, 한미방위비는 모질게 얼마나 깎았는가, 민노총은 균형을 잡았는가, 자유시장경제원칙은 잘 돌아가고 있는가.

나라의 대들보가 삐거덕 소리를 낼 때는 목숨 걸고 조국(祖國)을 지킨 선구자들이 떠오른다.

선각자 도산 안창호는 깨우친 국민만이 나라를 살린다며 미국, 중국, 일본을 드나들며 애국운동에 전력을 쏟았다. 가는 곳마다 한인친목회를 조직하고 학교를 세우고 신문사를 열었다. 가는 곳마다 강연회를 열고 목이 쉬도록 국민애국정신을 깨우쳤다. 함석헌 선각자도 그 뜻을 이어받아 깨우친 국민이 나라의 씨알이라고 했다. 국가 씨알이 민족혼을 배양시키고 씨알은 생명의 씨알이며 나아가 민족의 씨알이라고 갈파했다. 곧게 말해서 깨우친 사람이 나라의 씨알이고, 민족의 씨알이고, 애국인이라고 했다.

안창호 선각자는 가는 곳마다 강연회를 열었다. 강연의 중심은 '독립정신과 거짓말 죽이기'였다. 그 어록을 간추린다.

독립정신

밥을 먹어도 대한독립 잠을 자도 대한독립이다.

그대가 나라를 사랑한다면 먼저 인격자가 되어라.

자신의 몸과 민족은 누구에게 위탁할 수 없다. 국민 모두의 몫이다. 정직과 성실만이 민족과 나라를 구하는 유일한 길이다.

거짓말 없애기

국민이 지켜야 할 과제는 첫째 거짓말하지 말자.

둘째 속이지 말자. 셋째 놀지 말자. 세 덕목을 꼭 지켜라.

안 선각자는 깨우친 국민이 나라를 지킨다고 봤다. 국민교육이 먼저라고 했다. 그분의 교육사상은 자아혁신 · 민족혁신 · 인격혁신으로 3대 혁신이 한민족 국가를 가꾸는 기둥이 바로 '자기 인격 개조 정신'이라고 역설했다.

안창호 선각자의 어록인 독립정신 고취와 거짓말 타파 그리고 함석헌 선생의 어록인 씨알 정신을 문 대통령이 상기하길 바랄 뿐이다.

36. 2020 총선거 소감

4.15총선거는 과정이 혼란했던 것처럼 여러 가지 특징을 노정시켰다. 좁은 나라 그나마 두 쪽으로 갈라진 나라에 무릇 37개 정당이 난립했다. 그러나 종합 정리하면 원내교섭단체 자격 정당은 더불어민주당과 미래통합당 둘뿐이다. 나머지 정당은 꼼수꾼들의 위성 조직이거나 특별 목적의 소정당들이다.

투표 결과를 보는 표정 관리가 다양하다. 더민당은 입 가리고 살포시 웃었고 미통당은 부끄러움도 팽개치고 대성통곡을 쏟았다. 4+1에 적극 참여한 일등공신 심상정 정의당 대표는 목이 메어 눈물을 머금고 한참 말을 잇지 못했다. 아마도 배신당한 눈물이었을 것이다. 나머지 군소정당들은 언론마저 외면했다. 다 자업자득이다.

선거는 숙명적으로 이기거나 지는 편으로 갈린다. 이기기 위해 싸우는 운동 경기는 비기는 경우가 있긴 해도 연장전으로 승패를 가른다. 선거는 연장전은 없다. 운동 경기의 승패로 상반된 감정은 금세 사라지지만 총선거 승패감은 다음 선거까지 오래 지속될 것이다.

더민당과 미통당의 희극과 비극의 간격은 243천 표 차이로 갈랐다. 더민당은 총 1,434만 표(49.9%) 미통당은 총 1,191만 표(41.4%)였다. 득표 차는 8.5%였다. 그러나 당선인은 무려 80명 차이로 크게 벌렸다.

이를 두고 언론은 코로나 바이러스의 관리 치적을 첫째로 올렸고, 그 다음으로 문 정부의 긍정적 국정의 치적을 곁들여 올렸다. 이 이론에 동의하지 않는 여론도 있었다. 이유는 미통당과 그 밖의 기타 정당에 투표한 1,500만 표 이상이 더민당에 동의하지 않았다는 것이다. 더민당이 미통당보다 겨우 8.5% 더 얻은 수치로 압승으로 치는 일반론은 아귀가 맞지 않는다는 것이다.

코로나 팬데믹 공포증에 눌리고 있던 미국 트럼프가 의외로 선거를 코앞에 둔 마당에 한국의 문통에게 "한국이 코로나 대응에 능숙했다."는 칭찬을 전해 왔다. 트럼프가 '한국이 코로나 대응에 능숙했다.'는 찬사를 외신이 전한 것이다. 트럼프의 문통에 대한 찬사를 짚어보면 정치적 의도가 몇 번 있었다. 총선을 앞둔 우리 국민들의 초조한 마음에 위로를 보낸 게 투표에 영향을 미쳤는지는 모르지만 그렇다 치더라도 조족지혈 격이다. 그것보다는 코로나 초등 대응에 소홀한 처방을 국민들은 탄하고 있는 것이다. 게다가 문통의 폐정(弊政) 또한 태산처럼 무겁다. 정치 국방 경제 외교 교육 등 3년 치적은 볼품이 없다. 통치자의 공정한 정치 가치를 준수해야 할 수장이 본진을 범죄 아지트로 추락시킨 책임은 수장의 몫일 수밖에 없다.

이름조차도 불쾌감을 상기시키는 조국을 비롯한 비서관들의 범죄 행위를 올곧게 다스려야 할 수장이 거꾸로 그들을 비호하면서 검찰 조직의 정당한 활동마저 훼방하였을 뿐만 아니라 주범들을 방관 내지는 오히려 범죄 자체를 묻어달라는 언행까지 부하들 앞에서 했다. 나라의 통수권자로서 용납할 수 없는 망언이다. 그들이 뿌린 탄핵감은 차고 넘친다. 경제 파탄, 선거 댓글, 울산 부정선거 등 고물고물한데도 언급 한 마디 없이 침묵으로 누르고 있다. 대한민국의 국가 조직이 시궁창 오물을 둘러쓴 모습이다. 글 손마저 부끄러워 떨린다.

국가기강이 이런데 사회 기강이 명정(明正)하고 청명하겠는가! 정의 사회를 내걸었던 문 정부는 자의든 타의든 반성문 없이는 빠져나갈 수 없는 처지로 몰리고 있다. 정의와 불의가 뒤엉키면서 정치는 혼탁해졌고 서민 생활도 곤궁해졌다. 옳고 곧았던 동료가 어긋난 행동을 해도 내 편이면 불문하고 덮어주고 허들링하며 섬겼다. 옳고 그른 자체가 뚜렷하게 보여도 정반 구분 없이 인정하고 모른 척하거나 덮어버린다.

이런 상황들이 3년간 치적으로 겹겹이 쌓여 있는 마당에 중간 평가 성적이 투표의 화신으로 변한 게 총선거의 투표에 함의된 결과와 같다고 평가한다면 어불성설일 수밖에 없다. 이 같은 상황을 있게 한 수장의 임기 3년의 치적이 코로나 공로 치적과 버무려지면서 증폭된 여론에 휩쓸려 더민당에 몰표를 안겼다는 이론에는 동의할 수 없다. 국민 수준과 맞지 않는 오판이라고 말할 수밖에 없다.

그런 이유들을 살펴본다.

야당 팀 주장은 샌님 스타일이다. 강단도 없었고 투사다운 모습도 보여주지 못했다. 전형적 귀공자 타입의 예의 바른 젠트리로만 보였다. 야전군 사령관으로는 함양 미달이었다. 출발부터 막을 내릴 때까지 그 모습은 변화가 없었다. 때와 장소에 따라 사령관의 변화는 필수다. 그냥 양 떼를 따라가는 목동 자체였다. 또한 선관위원장도 김집단 · 박집단 · 공집단 세 집단이 따로 국수를 삶았다. 맛이 다를 수밖에 없다. 수장 선관위원장도 장 마감 몇 시간을 남겨두고 때늦은 지휘봉을 휘둘렀지만 그 효력은 빛을 잃었다. 투표 이틀 전에 공교롭게도 여당 둘, 야당 둘이 막말을 했다. 여당은 모른 척 넘어갔는데, 유별난 야당은 샌님 팀장이 먼저 나섰고 수장 선관위원장마저 나서서 두 자루 구도(口刀)로 읍참마속 작전을 펼쳤으나 역효과만 초래했다. 막말이 선거에 치명타가 됐다는 의견에는 동의하지 않는다. 사랑방 푸념에 불과한 가십을 오히려 침소봉대한 꼴이 됐다. 전쟁 때는 전투단위 사령관에게 간섭 없는 작전권을 맡겨야 한다는 게 병법이다. 투표 코앞에서 사령관(후보자)을 칼질하는 것은 지나친 간섭이다.

앞으로 돌아가 미통당의 참패 원인을 간단히 정리한다.

황교안 미통당 대표 이력에는 정치 자격증이 없다. 전형적인 고위 관료형 행정가다. 정치 이력은 일천하다. 또한 평화판의 리더와 전쟁판의 리더는 판이하게 다르다. 당원들이 리더를 잘못 선택한 탓도 배제할 수 없다.

그러나 이보다 더 결정적인 원인은 국민들의 깨우침이 없는 탓이 더 크다. 정치 속성 이해 부족 · 정치이념 통찰력 부족 · 장래 후손을 배려한 애국심 부족 · 사회규범 이해 부족 · 사회참여 부족 · 불의에 대한 의식과 고발정신 부족 등 호랑이 담배 먹던 시절 이야기이지만 안창호 선각자의 어록에 담겨 있는 뜻을 간추려 각색한 것이다.

한 선거 전문가는 여권의 승리 원인은 문통과 여당의 정치력이 아니라고 했다. 그 원인은 '코로나 재난 현금 살포 정책'을 미리 예고한 효과라고 했다. 이 효과가 국민들에게 먹혀든 것은 이승만 정부 때 재미를 본 '고무신 선물'에서 왔다. '현금생활지원금'도 매표 산물의 일종일 수 있다. 굳이 코로나가 아니더라도 문 정부는 고무신을 상회하는 현금 생활지원금을 계획하고 있었을 것이다.

코로나는 시쳇말로 '바로 찬스'였다. 울고 싶을 때 뺨 때려준 셈이다. '바로 찬스' 덕택에 현금 지원금은 아무런 제약 없이 국민에게 돌아가게 됐다. 매사에 일장일단이 있듯이 '바로 찬스'는 후손들의 골수에서 곶감 빼 먹는 꼴임을 후손들은 그때 가서 알게 될 것이다.

37. 청개구리 속담 반추(反芻)

속담의 사전적 의미는 '민중의 지혜가 응축되어 널리 구전되는 민간 격언(格言)'이라고 적고 있다.

옛적에 엄마 청개구리와 아들 청개구리가 단출하게 살았다. 두 식구밖에 없는 처지에서 아들은 엄마 말을 올바르게 듣지 않고 늘 거꾸로 들었다. 동으로 가라 하면 서로 갔고 서로 가라 하면 동으로 갔다. 엄마가 매를 들면 나뭇가지 사이로 이리저리 잘도 도망쳤다.

그럴 때마다 엄마는 아들에게서 받은 스트레스로 병을 얻어 시름시름 앓다가 죽음의 임박을 맞았다. 냇가가 싫은 엄마는 산에 묻히고 싶었다. 그러나 아들을 불러 놓고는 "내가… 죽으면… 냇가에 꼭꼭 파묻어… 달라…잉…" 반대로 말하기가 하도 힘겨워서 띄엄띄엄 말했다. 마지막 입술이 닫히면서 눈물이 주름을 타고 흘러내렸다.

늘 반대쪽으로 갔던 아들이기에 산에 묻어 달라면 냇가에 묻힐 게 너무나 뻔했기 때문이다.

엄마가 죽은 후 아들은 요지경처럼 변했다. 아들은 그동안 엄마 속을 썩인 잘못을 뒤늦게 깨달았던 것이다. 불효가 뿌린 회한의 눈물이 어른 검지만한 청개구리 얼굴을 덮었다. 눈물이 범벅이가 된 얼굴로 나뭇가지를 타고 흔들며 오랫동안 시끄럽게 울어대던 아들 청개구리는 엄마에게 못다한 모정(母情)이 새롭게 돋았다. 효심을 되찾은 아들 청개구리는 엄마의 유언대로 냇가에 묻었다. 엄마 말을 그대로 따른 것은 처음이고 마지막이다.

냇가 나뭇가지에 숨어서 엄마 무덤을 정성으로 돌봤다. 청명한 날씨가 구름이 끼면서 비가 내릴 기미가 보이면 엄마 무덤이 떠내려갈 것 같아 조바심을 어쩌지 못해 나뭇가지로 이리저리 뛰면서 한없이 울어댔다.

관상대가 없었던 시절, 불효의 표본 청개구리가 기상관상대 노릇을 대신한 셈이다. 비가 내리기 하루 이틀 전에 청개구리가 고음(高吟)으로 울어대는 기상예보는 십중팔구(十中八九) 신기하게도 맞아떨어졌던 기억으로 남아 있다.

문 대통령은 청개구리의 특질을 지녔다고 보는 국민이 더러 있다. 국민의 소망은 아랑곳하지 않는다는 뜻에서 연유했다. 국민이 목 놓아 울부짖어도 뒤도 돌아보지 않았다. 뚝심은 국민과 별반으로 지엄한 유아독존(唯我獨尊)의 표본이 아닐 수 없다. 국민을 넘어 국가 조직 전체가 전체주의 늪에 빠져들고 있다는 느낌은 한참 오래됐다.

국민의 뇌리에 박혀 있는 불만 덩어리를 열거해 본다.

· 경도된 임명권 - 능력 경륜 고려 없이 이념 친숙 본위 임명
· 중국에 굴종 외교 - 코로나 초등 무방비, 소극적인 사드 배치
· 내놓고 국법 위반 - 울산시장 불법선거, 범죄 입건된 자 요직 임명 및 용인, 드루킹 댓글사건, 입건된 자 국회의원 공천, 4.15총선거 조작설 외면
· 공조직 내 갈등 외면 - 법무장관 · 검찰총장 · 검찰관 상하 갈등, 이념 갈린 집단 인사
· 국방력 쇠락 - 9.19남북성명, 국방경계선 약화, 병력단축, 훈련 태만
· 포퓰리즘 남발 - 과도한 복지예산 배포, 자강력 쇠퇴
· 균형 잃은 적폐청산 - 국론 분열, 국력 쇠락, 국위 추락, 여순사건, 제주사건
· 자유시장경제 훼손 - 국력 좀 먹는 탈원전, 52시간제, 사 · 노간 임금 갈등
· 큰 정부 지향 - 공무원 · 공기업 인원 증원, 지나친 대기업 규제(사회주의가 가는 길)

대다수 시민들이 다 알고 있는 사실이기에 설명 없이 콘텐츠(contents)만 올렸다. 모두는 아니지만(이념이 다른 주

사파 제외) 일반 국민들은 앞이 환하게 트인 들길로 가자는데 기어코 보이지 않는 험한 가시밭길로 끌고 가는 왕 고집은 참으로 특별하다. 그게 '한 번도 가보지 못한 나라'인 것으로 짐작된다. 설령 그 길이 꽃길이라도 국민 대다수의 동의가 없다면 포기하는 게 자유민주공화국 국정의 정형(定型)에 맞다. 국민 모두가 동의하지 않는 '한 · 가 · 나'를 고집한다면 대한민국은 잃어버린 조국이 될 것이다.

그러나 반만년을 견디어 온 굳건한 유전인자는 그렇게 만만하지도 녹록하지도 않다. 청개구리를 닮은 문통에 대한 원성은 하늘을 찌를 것이다.

38. 현대판 '멍석말이' 주인공

단군조선 초기에 팔조지금법(八條之禁法)이 있었고, 그 법을 백성들이 잘 지켜 탱탱한 규모로 키워나갔다고 전한다. 먼 세월인 중세 · 근세기에 큰 마을에서는 다는 아니지만 '멍석말이'라는 관습이 있었다. 마을의 주민들이 자체적으로 상규(常規)를 다스리는 일종의 민형제(民刑制)였다. 예의범절이 바르지 않거나 남의 곡식을 탐내는 등 나쁜 짓을 저질렀을 때 마을 유지(有志)들을 중심으로 마을 상규 조직이 당사자를 꾸짖는 체벌(體罰)이 엄중했다. 죄질이 확장되기 전에 노란 싹을 미리 잘라버린 것이다.

멍석말이는 죄인을 멍석으로 돌돌 말아 마당 가운데 눕혀 놓고 좌장 격인 유지가 잘못을 조곤조곤 탄한 후 잘못을 시인하면 체벌봉(體罰棒)을 집행자에게 건네주고 이를 받아 주어진 벌량(罰量)대로 멍석말이를 철벅철벅 쳤다. 멍석에 말린 죄인은 맞을 때마다 큰소리로 "잘못을 뉘우칩니다. 앞으로 바르게 살겠습니다."라고 외치게 했다.

오륜(五倫)에 기본을 둔 상규에 따라 벌량은 다섯 대 이하에서 그쳤다. 분위기는 엄숙했지만 집행자도 같은 마을 사람으로 민심이 도타워서 매를 맞는 자나 때린 자가 유감없이 서로 보듬고 웃었고, 그 모습을 본 주민들은 박수까지 쳤다고 전한다.

조상들이 동방예의지국의 찬사를 받은 배경에는 팔조금법이 생겨나고, 자체적으로 형성된 멍석말이 같은 자생적인 상규가 기본 바탕을 다진 데서 왔다고 여겨진다. 이토록 쫀쫀했던 민족성의 자긍심이 언제부터 무너졌는지 아리송하다. 그렇지만 그르친 주역들이 누구냐고 물으면 주저하지 않고, 거짓말 잘하는 정치인들에서부터 퍼졌다고 말할 수 있다.

대통령의 구두선(실행 없는 빈말)부터 살펴본다.

문 대통령은 취임 전에도 정치인의 거짓말은 상존 상태였다. 그러나 2017년을 건너면서 더 심해지기 시작했다. 대통령 취임사에 걸었던 기대가 크게 망가지면서 거짓말의 수치가 급상승했다고 본다.

문 대통령의 취임사엔 망가진 악취가 진동했다. 국민에게 올린 약속이 대부분 뻥이 된 것이다. 비 내리는 초여름에서 눈이 내리는 겨울까지 광화문광장을 꽉 메운 국민들의 아우성이 북악산을 흔들고 그 메아리가 남산을 휘돌아 울려 퍼

져도 - 대통령은 그 곁을 지나면서 국민 한 번 뒤돌아보면서 - 손 한 번 흔들어 보이지 않았다. 그곳에 모인 군중들의 표를 받았든 아니 받았든 간에 같은 제 국민인데, 참으로 독한 분이다. 어느 쪽은 그분의 마음이 따뜻하다며 밤마다 촛불 들고 그분의 따뜻한 마음을 위로했을 것이다. 깊이 들어가면 모두 다 선량한 신념일 것이다. 신념에도 5년이란 숙명(宿命)이 존재할 수 있다.

그 징후는 경남고등학교 모교 동문회에서 쏘아 올렸다. 현대판 멍석말이를 끄집어낸 것이다.

경남고등학교는 문 대통령의 모교이며 명문고다. 2020년 3월 27일, 김석우 전 차관이 동문들을 이끌고 청와대 앞에서 성명서 마이크를 잡았다.

"경남고의 전통 동문에 먹칠을 한 문재인은 제명시켜야 한다."

그 함성 속에 조국 사건, 부정선거 사건, 우한 코로나 등 20여 개의 콘텐츠를 올려 크게 꾸짖었다. 핵심은 모교의 명예를 크게 훼손한 죄였다. 대통령 당선 때만 해도 어깨가 우쭐했을 자존심이 3년 동안 내내 망가져 내린 것이다. 현대판 멍석말이라도 단행해야 끓어오르는 불꽃 덩어리가 멈출 것 같은 심정이 들었을 것이다. 그러나 망가진 동문의 명예와 자존심의 현실 회복은 험난해 보인다. 응답 없는 그 외중에 또다시 2차 멍석말이가 2020년 4월 4일 터졌다.

“문재인 동문을 부끄럽게 생각한다. 우리 동문은 78년의 전통과 민주화 과정에서 커다란 족적과 긍지와 자부심을 가졌다. 지금은 한없이 부끄럽다. 문통의 퇴진과 동문의 제명을 요구한다. 그러기 전에 스스로 결단할 것을 촉구한다.” 온 천지 구석까지 쩌렁쩌렁한 함성이 울려 퍼졌다. 이게 현대판 멍석말이 민형제(民刑制)인 것이다.

부산고등학교 동문에서도 김명수 대법원장을 질타하는 성명서를 발표했다. 2019년 12월 27일 조선닷컴이 전했다. 동문 청조(靑潮:부산고 예명) 5백여 명이 동참했다. 성명서에서 김명수 대법원장이 앞장서서 삼권분립을 무너뜨리고 정권의 시녀 노릇을 하고 있다고 비판했다.

부산고도 명문이다. 그토록 자랑스럽던 동문 김명수가 얼마나 뼈아픈 고통을 동문들에게 주었을까! 평소 어깨 위에 놓인 자긍심이 불명예로 환치되어 버린 비극을 참는 고통이 컸다. 동문이 균형을 잃고, 삼권분립의 가치를 짓밟으며 정권의 시녀 노릇으로 둔갑한 모습을 직면하는 동문들의 심사는 한탄 자체였을 것이다. 동문의 가치와 명예의 가치는 존귀하게 자존심에서 빛난다. 그래서 멍석말이형의 동문 퇴진 촉구는 고통스러웠을 것이다. 정치는 짧지만 동문의 우의와 명예는 길기 때문이다. 그러나 숙명적으로 한 번은 넘어야 할 강이기도 하다.

두 분은 이미 동문의 멍석말이에 휘감긴 처지다. 동문들의 체벌봉에 아랑곳하지 않고 저항할 것인가! 아니면 "잘못을 반성한다."고 외칠 것인가는 두 분의 고독한 영혼의 몫이다. 잘은 모르지만 이미 발목 빼기가 어렵게 부어버렸는지 모른다.

청와대와 대법원의 명예, 가족들과 조상의 명예까지도 불명예의 화인(火印)이 이미 찍혔는지도 모른다. 『수호지』 양산박의 주인공 송강은 얼굴에 찍힌 화인을 지우지 못하고 천고만난(千苦萬難)의 생을 스스로 독약을 마시고 마쳤다. 두 분의 화인은 반성이 먼저인지 용퇴가 먼저인지 모른다. 현대판 멍석말이는 그래서 더 어렵기만 하다.

39. 투표와 개표 차이

국조(國祖) 단군의 건국이념인 홍익인간을 가슴에 새기고 자유민주주의의 정치 정형인 '자유민주공화정'을 표상(表象)으로 1948년에 헌법을 제정하고 '대한민국민주공화국'을 만방에 선포했다.

자유 없는 질곡의 식민지에서 국가다운 국가를 세운 것을 밑바탕으로 동방의 배달국가가 세계 200여 개 국가 중 10위권까지(지금은 추락 중) 도약한 나라로 숨 가쁘게 달려온 지 72년!

바야흐로 수 세월이 방만했는지 몰라도 어두운 그림자가 '자유민주공화정' 깃발에 칙칙한 빨강 물감을 뿌리고 있는 무리들이 점증되고 있는 느낌이 뚜렷하다. 아마도 4.15총선거 후유증의 영향이 정치권에 어둠을 드리우는 느낌이다. 패배한 야당은 정신을 잃고 휘둘리면 자중지란을 겪고 있고, 여당도 승리의 기쁨을 터놓고 즐기지 못하면서도, 승자의 아량은 찾기 어렵고 그저 전리품은 사냥꾼의 몫이라며 국회상임위원회 구성의 전례는 차버리고 전리품만 챙겼다.

4.15총선거는 아수라장을 방불케 하고 있다. 아수라장의 참상을 바이블에서 더듬는다.

소돔과 고모라성은 착한 사람(거짓말 않는 사람)이 10명도 없어서 여호와의 유황불(화공)을 받고 흔적 없이 사라졌다. 정치 1번지 고지의 성인 청와대에 착한 사람(거짓말 않는 사람)은 몇이나 될까? 곰곰이 살펴봐도 찾기 어렵다. 그러나 뒤집어 살펴보면 이마에 거짓말 화인(火印)이 찍힌 자국을 찾기는 어렵지 않다. 수장을 비롯하여 화인 자국은 수두룩하다.

죄 중에 가장 용서 못 할 죄는 선거조작 죄다. 살인죄보다 더 무겁다. 총선거는 정의 · 정직 · 정치이념 등 합리적 사고를 지닌 훌륭한 인물을 뽑는 중차대한 국가의 중대사이다. 강조하지만 선거조작 죄인은 극악무도(極惡無道)한 악의 화신이다. 나라를 받치는 올곧은 기둥을 제치고 썩은 기둥으로 바꿔치기한 본보기이기에 그렇다.

온 국민이 가슴 두근거리며 찍은 한 표 한 표는 소중한 나라의 주춧돌 같은 인물을 선택하는 큰 과업이다. 소중한 투표지를 엿장수 가위 칼 쓰듯 참 엿과 무트름한 엿을 뒤섞는 것은 비견할 데 없는 최상의 죄다. 투표지 훼손 · 환표 · 계수조작 등은 국가 백년대계를 무너뜨리는 망국지본(亡國之本)의 원흉(元兇)들이다. 두고두고 양심에 못질할 좀비들의 혈통과 다름없다.

인간의 품위를 키우는 윤리 · 도덕의 중심 키워드는 선(善)이다. 나라의 기둥을 바로 세우는 정치의 중심 키워드는 정의(正義)이다. 그 정무 수행자를 뽑는 선거투표 계수장에서 접은 흔적이 없는 빳빳한 무더기 표뭉치가 나오고, 허술한 봉인함이 발견되고, 투표지 및 도장인주 등이 나오고, 선거법에 위배된 QR코드가 계수기에 장착되는 등 말도 많고 변명도 많다. 가장 정의롭게 선거법을 지켜야 할 선관위의 의도로 보이는 QR코드마저 명쾌한 해명조차 없는 실정이다.

자기 표가 옳게 계수되었는지 여부가 궁금한 그날의 투표자들! 애먼 국민들만 가슴앓이를 하고 있다. 그 와중에 자취를 감춘 미통당, 그들의 행태는 경악을 금치 못한다.

미웁다 못해 통탄스럽기까지 한 제1 야당 그래서 '미통당'인 듯하다. 그들의 정신 찾기는 삼수갑산에서 보물 찾는 격이다. 그렇다고 깜빡이는 등대마저 꺼진 것은 아니다. 칠흑바다가 되기 전에 배지 빼서 던져버리고 안방이나 차지하는 게 심상에 맞을 것으로 보인다.

서울대학교 통계학 박세현 명예교수 · 명지대 통계학 박사 박성아 교수 · 전 IBM, CPU설계사 벤자민 윌커슨 박사 · 수학젬 학원장 · 컴퓨터전문가 바실리안 조수아 소장 · 유튜브 공병호 경제학 박사 등 - 경지 높은 학자 - 전문지식과 깊고 넓은 통찰력으로 분석하고, 계수기도 해부하고 밝혀내서 국민들의 궁금증을 풀어준 노고에 경의를 표하는 바이다. 참으로 길이길이 기억될 훌륭한 선구자들이다.

40. 가시지 않는 법무부 내홍(內訌)

법무부가 시끄럽다. 중앙정부 조직이 내홍에 휩싸여 기강이 무너지는 소리가 새어 나오고 있다. 조국 사건을 비롯하여 추미애 장관의 인사 참사로 귀에 익은 중견 검사급 인사 발령에서 시작된 추 장관과 윤 총장 간의 불협화음이 해소되지 않고 오히려 확대된 느낌이다.

우화에 빗대면 마치 어부지리(漁夫之利)의 주인공 '조개와 도요새'가 생존의 싸움을 하고 있는 모양새다.

조개가 물가에 기어올라 기지개를 뻗으며 입을 벌리고 하품을 하려 할 때였다. 이를 본 도요새가 옳거니 하고 부리로 분홍색 내장을 부리로 쪼았다. 이때 조개가 놀라면서 입을 화급히 딱 닫아버렸다. 도요새 부리는 그만 조개 입속에 갇히고 말았다. 빼려고 몸부림쳤으나 속수무책이었다. 궁리 끝에 도요새가 조개에게 말했다. "이대로 햇볕이 내려 쬐이면 너는 불쌍하게 말라 죽고 말 걸!" 조개도 즉시 받아쳤다.

"사돈댁 걱정 말고 네 걱정이나 하렴! 입 꼭 물고 나 죽으면 너 역시 굶어 죽고 말 걸!"

이토록 '조개와 도요새'는 한 치 양보 없는 사이가 됐다. 행인지 불행인지 몰라도 지나가는 어부(최고 인사권자)는 나타나지 않았다.

조개가 도요새 부리를 물고 버틸 수 있는 임기는 2021년 7월, 딱 1년 남았다. 그 안에 어부가 어망(발령장)을 들고 나타날지는 어부만이 알고 있을 것이다.

장관을 따르는 도요새들이 편대를 만들었다. 그 편대들이 교대로 짹 짹 짹 퉁기는 소리가 퍼지면서 국가기강은 시장 잡배판으로 추락하고 있는 느낌이다.

"내 지시의 절반을 날려 먹었다.", "내 명령의 절반을 잘라 먹었다.", "내가 조개라면 스스로 물러나겠다." 도요새들이 간격을 두고 던진 막말이다. 장관이 같은 부처의 장관급에게 함부로 던지는 말이어서 그렇다. 고위급의 품위는 품격 있는 말투에서 나온다.

도요새는 기고만장(氣高萬丈) 펄펄 나는데 조개는 모습마저 보이지 않고 입마저도 꼭 다물고 있는 실정이다. 그러나 조개나 도요새나 힘들 것이다. 어쩌면 둘 다 어부의 그물망에 매인 처지다. 서로 다정하게 위로하고 가깝게 의견을 나눠야 할 고위급 신분들이다. 눈앞에 현안이 산더미처럼 쌓여 있다. 통치자의 방관 · 외면 · 침묵의 결과물이 쌓여 있는 부산물이 아니라고 할 사람도 있을 것이다. 그들은 하나는 알고 둘은 모르는 정신이상자들이다.

법무부가 제대로 작동되지 않아 불씨가 되는 사건도 쌓여 있다. 각종 선거법 위반 고발 건이 수두룩한데, 손 놓고 있는 실정도 까무러질 정도다. 위안부 기부금 부정 사용 조사 의욕도 가열하다. 범죄자로 기소된 자가 국회의원 당선된 후 기고만장하여, 새로운 나라가 됐다면서 원한의 칼을 휘두르고 있다. 이게 정상 국가인가! 이런 뻔뻔한 사람들이 아리비안 나이트 40인의 도둑 떼들보다 더 날뛰고 있는 기막힌 현실에 우리가 살고 있는 것이 안타깝다.

추 장관은 총장을 부하직원 다루듯이 막말을 하였다. 화가 치밀 때는 그럴 수도 있겠지만 같은 부처 핵심 고위직끼리는 눙칠 수 있는 언어도 있을 것이다. 내놓고 막말은 삼가는 게 국가기강에 흠집 내는 걸 막는 길이기도 하다.

법무부는 다른 중앙정부와 달리 검찰총장도 장관급 대우를 받는다. 국가기강은 다스리는 형사법의 엄정한 관리에 따른 정치적 간섭 같은 부분을 사전에 예방하기 위한 배려

조치를 마련하고 있다. 따라서 대검찰청을 내청이 아니라 외청으로 두면서 고등 · 지방검찰청을 두었고, 수장은 청장이 아니라 '총장'으로 명토 박았다. 또한 인사권도 검찰청법 34조 1항에, 법무장관은 '검찰총장의 의견'을 듣고 보직 제청을 하도록 한 규정도, 대통령 인사권에 정치적 중립성을 고려한 소치(所致)였다. 정치는 물리적 힘만이 아니라 법리와 정도(定道)에 마음을 맞춰야 옳은 길이다. 더 보태면 대통령의 취임사에서 밝힌 기회 균등 · 과정 공정 · 결과 정의도 굳건해질 것으로 생각한다.

대통령은 법무부의 내홍을 슬기롭게 다스려야 마땅하다. 국태민안(國泰民安)은 대통령의 첫째 몫이기 때문이다. 나라의 통수권자는 성실한 준법정신이 첫째다. 그 올바른 모범을 잃지 않아야 한다. 그러함에도 위법을 솔선하면서 수하들에게 위법을 지시 방관하고, 심지어 범법자 수하를 두둔 내지는 면제 유도 행위는 하늘을 뒤집는 악마 행위와 다름 아니다.

정직하게 말하자면 지금까지 거짓말 도깨비 정치는 함량 미달이다. 출신고 명문 경남고의 동문회에서까지 들고 일어나 '멍석말이'를 쏘아 올린 것 자체가 증거이다. 이제라도 손상된 오른쪽 날개를 더 이상 손대지 말고 양쪽 날개가 균형을 잡고 힘차게 창공을 날아오를 수 있는 그날이 오기를 기대한다.

41. 산책일기(散策日記)

모처럼 나서 본 들녘의 오솔길 밭둑에는 수염을 늘어트린 강냉이가 대열(隊列)을 이루어 가을의 전령(傳令) 인사를 하는 듯했다.

코로나 위세가 다소 꺾인 듯싶어 나선 산책길, 그러나 사회적 거리 두기가 옹색한 비탈길에서 낯선 손과 마주치면 스멀스멀한 느낌은 여전했다. 나를 기다려줄 정송목(情松木)까지는 아직 멀었는데, 어느새 하늘에는 먹장구름이 출렁출렁 밀려들어 오더니만 갑자기 어두워졌다. 코로나를 몰랐을 때는 거의 날마다 올랐던 산책길, 정송목에 등도 맞대보지 못하고 돌아선다는 게 회의감이 들었다.(정송목은 내가 지은 이름이다.)

주춤주춤하는 사이에 먹장구름은 분한 화풀이를 하듯 한바탕 소나기를 퍼부었다. 순간 천둥소리에 놀라 발이 묶인 채 그 자리에 눌러앉았을 때에는 온전한 몸이 아니었다. 자책감과 억울함이 뒤섞였다. 일기예보의 '흐림'을 신중성 없이 간과(看過)한 게 실수를 자초했고, 자격지심(自激之心)

이 솟구치면서 만목황량(滿目荒凉), 보이는 들판에 널브러진 작물들이 거칠고 쓸쓸하게 느껴졌다. 농부들의 마음은 더욱 황량했으리라!

정송목을 대하지 못하고 돌아오는 보문산 하산 길 내내 얼굴에 흘러내리는 빗물을 손으로 훔치며 내려왔다. 그 빗물에 늙은이의 눈물도 섞였을 것이다.

그날 밤 빗소리가 잠을 깨웠다. 켜둔 채 잠든 TV방송이 물난리 소식을 전하고 있었다. 크게 걱정되면서도 야속한 마음도 들었다.

부정선거 소식이 차고 넘친 지 벌써 네 달이 지났는데도 방송국은 여전히 모르쇠로 눈과 귀를 막고 있다. 언론은 어느 편을 떠나 정론을 알리는 게 몫이다. 언론이 본분을 망가뜨리고 있는 것은 명확하다. 야속하기 그지없다. 장마 재해 방송이 잘못됐다는 것이 아니다. 재해의 사실과 예방, 구조의 지혜를 알리는 것은 시급성까지도 매우 중요하다.

선거 조작은 나라의 기틀을 망가뜨리는 극악무도한 만행이다. 국가의 기둥과 대들보를 썩은 재료로 채택한 것과 다르지 않다.

부정선거 고발은 수두룩하다. 고발자 · 증언자 · 증거물 제시자 등 몸 사리지 않고 나선 자들도 갈수록 수두룩하게 차고 넘치게 늘어나고 있다.

사법부 · 검찰청 · 중앙선관위 · 청와대 · 정당들 · 언론들 모두 손 놓고 있다. 국민들만 울화통이 터질 지경에서 발을 동동 굴리고 있을 뿐이다. 어찌 잠자리가 안온하겠는가!

재난 방송처럼 4.15부정선거도 올곧게 방송에 올려달라는 게 국민들의 마음일 테다.

국민의 횃불은 아궁이에서 불빛을 유지하고 있다. 전국대학교 교수 단체 회원 6,200여 명이 탈탈 털고 일어난 지 한참 오래됐고, 그 회원들이 8.15건국절에도 슬로건을 내걸고 중대한 시국선언을 한다고 예고했다.

1960년 3.15부정선거가 떠오른다. 부정선거 중심인물은 대통령 이승만과 비서실장 이기붕이었다. 후손이 없는 이승만은 노년에 이기붕의 장남 이강석을 양자로 삼았다. 이 박사와 이강석은 태종(이방원)의 각각 17대와 19대 손으로 혈족관계였다.

1960년 당시 정부통령 체제에서 여당인 자유당 후보자는 이승만 · 이기붕이고, 민주당 후보자는 조병옥 · 장면의 대결로 확정된 선거판이었다. 선거를 코앞에 두고 국민에게 인기가 있었던 조 박사였지만, 미국 월터리드 육군병원에서 암 치료 중 급서했다. 따라서 이승만은 자동 당선됐다. 부통령 입후보자 이기붕은 당선 가능성이 희박했다. 그걸 뒤엎으려고 투표 조작을 노골적으로 강행, 결국 이기붕 당선을 발표했다.

이를 본 정의와 양심이 올곧은 중 · 고 · 대학생들이 최루탄 · 총탄을 두려워하지 않고 경무대로 밀고 밀리며 쳐들어갔다. 역사 기록에 4.19는 참가 인원 10만 명, 사망자 186명, 부상자 6,026명이었다.

1960년 4월 25일 교수 258명이 "학생의 피에 보답하라, 이승만은 하야하라"라는 시국선언을 발표하였다.

교수들의 집단 아우성은 학생들과 시민들의 가슴을 울렸다.

결국 이승만은 하야했고, 노년에 초라한 모습으로 하와이로 망명했다. 평생을 조국 대한민국의 건설을 위해 노심초사(勞心焦思)하면서 건국의 초석을 다진 거룩한 지도자, 그러나 말년 마무리에서 실족해 버린 오욕의 부정선거는 4.19 의거를 불렀고 민주주의 역사에 화인(火印)을 남겼다.

이기붕의 정치야욕의 일단으로 발생한 부정선거는 민주주의 초석을 돋우는 시점에서 벌어진 악재로 한없이 부끄러운 역사다.

세월은 60년을 건너뛰어 2020년 8월 15일에 전국대학교 교수 6,200명이 청와대 근처에서 성명서 발표가 있다고 한다. 아우성이 북악산을 휘돌아 밀려 내리면 태산압란(太山壓卵), 큰 산이 알을 누르듯 청와대 임차인 문재인 국가 원수도 방을 차차로 빼야할 처지가 아닌가 싶다.

42. 한 송이 흰 백합화

대한민국은 문재인 정부를 만나 민주공화정 프레임에 뒤죽박죽으로 꼬이면서 국민들도 양편으로 두드러지게 갈라졌다. 그 뿌리는 건국 초기 자유 · 민주 양당에 닿아 있다. 예나 지금이나 선거 때마다 시끄러운 싸움이 있었다. 그러면서도 국민들은 대개 지지하는 당에 온몸을 담그지 않고 손만 담그고 지냈다.

그런데 지금은 상황이 생판 다르다. 국민 대다수가 두 쪽으로 뚜렷하게 갈렸다. 중도라고 자칭한 사람도 파고들면 굳어진 이념의 뿌리에 닿아 있다. 가족도 마찬가지다. 부모와 자식 간에도 정치적 이념의 벽은 철옹성과 다름없다. 이념과 신념이 일치된 온몸을 지지한 정당에 묻고 사는 형국이다.

19대 문재인 대통령은 취임 연설에서는 국민을 아우르는 포용성을 보여주었다. 그러나 국정 발표 애드벌룬에서는 '적폐청산'을 우선순위로 내걸었다.

4.15총선거에서도 3분의 2를 내주고 허탈해진 한쪽의 국민들은 위로받을 길이 없어졌다. 승자는 기쁨을 잠시 뒤로 미루고 패자의 가슴을 배려하는 게 당선자의 부드러운 자세라고 본다. 당선자는 온 국민의 대통령이기에 그렇다.

적폐청산은 정적을 손보겠다는 것과 다르지 않다. 물론 전 정부의 그릇된 정치를 돌려놓겠다는 순수한 정책이라면 타당성을 지닌다. 그것을 시비 걸 여지는 없다. 그러면서도 패자들에게도 같은 땅에서 살고 있다는 연민 측면에서 잠시라도 마음 정돈할 수 있는 여유를 배려하는 게 도리라고 본다.

공수처의 숨 막히는 속도전은 마치 '공포처'인 듯 불안감을 주고 있다. 공수처 입법을 서두르고 있는 국회는 잡탕패들처럼 난장판을 연출했다. 명색이 제1야당은 혼을 잃고 허수아비처럼 맨땅에 꽂혀버렸다.

매머드급 여당은 '비례대표제'를 미끼로 군소정당들을 급행열차 패스트트랙에 태우고, 황금알 공수처법을 일사천리로 강행했다. 땡땡한 집권 5년을 거머쥔 다수당의 정당이 세계 정치사에 유래를 찾기 어려운 공수처가 그토록 화급한 내면은 뭘까?

선거는 온갖 잔꾀가 난무하고 후유증을 남기는 속성이 있다. 4.15총선도 조작 상처는 선거사에 두고두고 걸림돌이 될 것이다. 그 후유증은 사람과 제도가 남긴 괴물이다. 유튜브의 전송이 퍼지면서 청취자들도 알 것은 다 알게 됐다. 한 해가 다 가도록 명쾌한 해명 없는 당사자, 재판을 하염없이 뭉개고 있는 사법부가 얄밉다 못해 천박하기 짝 없다. 이것이 73년을 지켜온 민주공화정 대한민국의 민낯인가! 한없이 부끄럽다.

우리나라는 국민 교육이 잘된 선진국으로 평을 받았다. 그러나 오늘날 그 말은 구두선(口頭禪)에 불과하다. 지금 우리 정치 꼴은 알리바바 40인의 도둑 떼보다 더 추악하다.

정부는 무너지고 있는 대들보 탓을 검찰과 총장의 오욕으로 덮어씌우면서 검찰청 해체의 다른 표현인 공수처법에 전력을 쏟고 있다. 민주당은 정권을 잡으면서 '30년 장기집권'을 외쳤다. 그게 근거 없는 허깨비가 아니라 준비된 공수처에 담겨 있는 게 아닌가 싶다. 그러나 권세무궁(權勢無窮) 30년은 북한 전체주의 왕정에서나 가능한 체제이다. 큰 바위 얼굴로 이미 굳어진 공수처는 무궁정권의 발원지이며 모체로 여겨진다.

민주공화정 체제에서는 정권 교체 없는 무궁정권은 없다. 그럼에도 지금의 추진 권력은 포기 없는 길을 갈 것이나.

힘을 잃은 한쪽 국민들은 하대명년(何待明年) 세월을 눈 감고 기다릴 수밖에 없는 험한 길만 보인다. 윤석열은 그 가시밭에 홀로 서 있는 처지에 놓였다. 그러나 그분은 우직한 정의주의자로 존경받는 검찰총장이다. 힘 빠진 국민들에게는 제비가 물어다 준 단 하나의 박씨다. 자칫하면 그 박씨마저 알리바바 도둑 떼 발굽에 짓밟힐지 모른다.

정부도 마음 졸이는 것이 한두 가지가 아닐 게다. 월성1호기를 비롯한 원자력 · 천문학적인 드루킹 댓글 · 송철호 울산 시장 · 라임 옵티머스 · 법무부 내홍 · 실족한 총장 징계 · 4.15총선거 등 초대형급 불법 사건이 북악산을 휘돌아 전국에 퍼졌다. 청와대 뜰에는 눈총을 부릅뜬 독수리 떼가 급강하할 징조를 보이고 있는 게 그렇다.

추미애는 경륜 있는 정치 구단이면서 말솜씨마저 매섭다. 정부와는 게걸음을 치고 있는 윤석열을 어쩌지 못하는 문통은 격이 맞는 추미애를 법무장관에 임명했다. 손 빠른 검사 인사가 호불호(好不好)에 따라 세 차례 단행 – 언론 · 세론에서 인사 참사 – 혹평을 받았다. 장관 · 총장 간 때도 없이 마주치고 내홍이 번지면서 추 장관 화액(禍厄)은 반대 세력을 더 키웠다. 그 와중에 윤 총장 징계에 몰두하다가 소관 법무행정인 동부구치소 관리에 구멍이 뚫렸다. 수용자 과반이 넘는 코로나 확진자가 1천여 명 발생, 구치소에 사망자도 발생하면서 장관은 궁지에 몰렸다.

추 장관에게 자존심이 걸린 게 윤 총장 징계였다. 해임이 달콤했지만 징계위원들이 한사코 반대하여 별 수 없이 낮은 '직무정지 2개월'이 고작이었다. 분하기 그지없는 결재서류를 못내 대통령에게 내민 장관 손이나 사인하는 분의 손이나 가냘프게 흔들렸을 것이다. 결재서류 '직무정지 2개월'은 그리스 신화 판도라를 닮았다. 불을 훔쳐간 놈을 기어이 잡기 위해서, 신 프로메테우스가 만든 판도라(여성)가 끝내 그 구실을 못한 격이었다.

사법부에서는 그것마저 받아주지 않았다. 서울행정법원 조미연 부장판사는 징계위원회가 징계절차를 어겼다는 이유로 징계 무효 판결을 내렸다. 그토록 뜻을 같이한 국민들에게는 가뭄에 단비 같은 판결이었다.

"한 송이 국화꽃을 피우기 위해 봄부터 그렇게 울었고 천둥은 먹구름 속에서도 그렇게 울었나 보다." (서정주 시에서)

김명수 대법관 취임 후 사법부의 기울어진 저울대를 정의의 신 디케의 저울대로 바로잡아 준 판결이었다. 국민들의 가슴에 희망봉이 아롱거렸다. 윤 총장은 가시밭길에 피어난 유아화존(唯我花尊), 한 송이 흰 백합화의 상징으로 떠올랐다.

중학교에서 배운 우리 가곡 '한 송이 흰 백합화'가 늙은이의 후음(喉音)을 타고 흘러내렸다.

가시밭의 한 송이 흰 백합화
고요히 머리 숙여 홀로 피었네
어여뻐라 순결한 흰 백합화야
그윽한 네 향기 영원하리라

가시밭은 사나운 가시나무의 집단지이다. 찍어내려는 부정한 집단의 연상에서 왔다. 한 송이 흰 백합화는 정치를 왜곡하는 무리들과 목숨을 건 큰 싸움을 마다하지 않는 올곧은 윤석열의 이미지와 일치해 가슴에 품었다.

앞서간 애국선열들의 그윽한 향기가 은은하듯이 윤석열의 몸에 배인 흰 백합화의 향기도 영원하리라 믿는다.

정의를 밟아버린 불법의 무리들이 제아무리 설친다 해도 정의와 순리를 이길 수는 없다는 것이 세상 철리(哲理)이다.